교회학교
해봤어!

**교회의 미래, 교회학교 안에 다 있다**

# 교회학교
# 해봤어!

- 초판 1쇄 인쇄 2021년 2월 15일
- 초판 1쇄 발행 2021년 2월 19일
- 초판 2쇄 발행 2021년 5월 20일

- 지은이 이충섭
- 펴낸이 조유선
- 펴낸곳 누가출판사
- 등록번호 제315-2013-000030호
- 등록일자 2013. 5. 7.
- 주소 서울특별시 공항대로 59다길 276 (염창동)
- 전화 02-826-8802 팩스 02-6455-8805
- 이메일 sunvision1@hanmail.net

- 정가 15,000원
- ISBN 979-11-85677-55-2　03230

교회의 미래, 교회학교 안에 다 있다

# 교회학교 해봤어!

이충섭 지음

교회학교를 통해 어린이들이 예수님을 만났습니다. 예수님 때문에 꿈을 가졌습니다. 예수님 때문에 자신감도 생겼습니다. 현재 교회학교가 힘들고 어렵습니다. 교회학교가 다시 부흥하기를 소원합니다. 가슴 뛰는 교회학교를 보고 싶고 다시 뛰는 교회학교가 되고 싶습니다. 『교회학교 해봤어!』 책은 그동안 교회학교에서 해 왔던 이야기, 교육전도사로 해 왔던 이야기, 어린이 집회나 교사 세미나에서 일어났던 이야기, 교회학교 전도에 관한 이야기 등을 말하고 있습니다.

출판사

누가

교회학교, 결코 포기할 수 없습니다!

이충섭 목사님은 30년이 넘게 일관되게 다음 세대 신앙교육을 위하여 헌신해 온 귀한 목사님입니다. 이번에 『교회학교 해봤어!』라는 제목으로 책을 내시게 되었는데 보내주신 원고를 읽고 큰 감동을 받았습니다.

지금은 누구나 다음 세대를 위기라고 말하는 시대입니다. 교회 안의 어린이와 청소년들의 감소도 급격해지고 있습니다. 그만큼 교회가 감당할 다음 세대 사역은 더욱 중요해졌지만, 안타까운 현실은 많은 교회들이 위기의 상황을 정확히 진단하여 그에 맞는 해답을 찾지 못하고 있습니다. 그 해답을 제시할 수 있는 교회도 흔하지 않습니다.

『교회학교 해봤어!』에는 이러한 고민에 대한 실제적인 방향과 해답이 담겨져 있습니다. 이충섭 목사님이 30년 넘게 교회학교 현장에서 사역하면서 생생하게 경험한 노하우와 가이드가 책에 녹아들어 있었습니다. 교회학교 사역의 구태의연한 방법론을 말하지 않습니다. 어린아이이지만 '한 영혼'을 어떻게 주님께로 인도하여 주와 함께 살아가도록 도울 수 있을지 신앙교육의 본질에 대한 깊은 고민을 나누고 있습니다.

이 책에서 눈여겨 볼 부분이 세 가지 있습니다.

첫째, 교회학교가 아닌 교육목회로 전환할 것을 제안하고 있습니다. 담임목사님을 비롯해 전교인이 함께 교회학교에 관심을 갖고 지원해야 한다는 것입니다. 어린이들이 예수님을 인격적으로 만나서 평생 주님과 동행하는 아이들로 설 수 있도록 교회 전체가 제한 없는 지원을 할 것을 일관되게 주장합니다.

둘째, 교회학교의 부흥을 꿈꾸게 합니다. 모두가 교회학교가 어렵다, 힘들다 말하는 분위기인데, 이충섭 목사님은 교회학교 부흥을 끊임없이 강조합니다. 방법은 단순합니다. 복음의 정공법으로 승부를 보라고 권면합니다. 원색적인 복음으로 어린 영혼들을 전도하고, 그들에게 정확한 복음을 선포하고, 말씀으로 양육하는 일념으로 사역할 것에 도전합니다. 결국 생명의 말씀이 아이들을 살리는 것임을 되새기게 해 줍니다.

셋째, 교회학교에 관심 있는 누구나 볼 수 있는 책입니다. 담임목사님은 물론이고, 교회학교 담당 교역자와 신학생, 교사, 부모 등 다음 세대를 사랑하는 이라면 누구나 이 책에서 도움을 받을 것입니다. 내용이 실제적이고 세부적입니다. 그리고 다양한 사례가 담겨 있습니다. 그래서 누가 읽든 그에 필요한 도움을 얻을 수 있을 것 같습니다.

유기성 목사(선한목자교회)

목회를 하면서 항상 느끼는 것은 어떤 시대에 살아가든 다음 세대를 세우는 일이 우선이라는 것입니다. 많은 목사님들이 공감하시겠지만 한국 교회의 미래를 생각할 때면 자연스레 다음 세대를 어떻게 건강한 하나님의 자녀로 양육할 것인가에 대한 고민으로 이어지곤 합니다. 다음 세대를 향해 소망을 품으면서도, 한편으로는 그들을 목양하는 것이 쉽지 않다고 느끼는 것이 비단 저뿐만이 아닐 것입니다.

2020년 초, 갑작스럽게 나타난 코로나19로 인해 우리 삶의 많은 부분이 변했습니다. 교회와 신앙생활에도 많은 변화가 생겼습니다. 당장 예배당에 온 성도들이 함께 모여 예배할 수 없는 상황이 얼마나 암담했는지 모릅니다. 평소 찬양 소리와 성도님들의 웃음소리가 가득했던 교회에 침묵과 적막이 가득하니 어찌나 마음이 아렸는지 모릅니다. 이러한 마음은 교회학교를 향해서도 동일했습니다. 안전을 위해 아이들이 교회에 오지 않도록 안내하는 한편, 이전에 우리 아이들이 노는 소리로 가득 차던 교회가 매우 그리웠습니다. '언제 다시 우리 교회가 주일 학교 아이들의 목소리로 가득 찰까?' 자문함과 동시에 하나님 앞에 아픈 마음으로 기도하던 것이 떠오릅니다.

지금 우리 아이들이 살아가는 환경은 전과 크게 달라지고 있습니다. 게다가 코로나19로 인하여 한층 더 달라지고 있음을 아이들과 부모, 교회학교 교사들이 다 함께 느끼고 있습니다. 이 시점에 우리들에게 필요한 것이 무엇일까요? 한국 교회의 교회학교에 과연 무엇이 필요할까요? 위기의 상황에서 우리가 해야 할 것은 지금까지 우리의 교회학교가 어떤 길을 걸어왔는지 돌아보는 것입니다. 이 책

『교회학교 해봤어!』에서 이충섭 목사님은 지금, 우리의 교회학교에 찾아온 위기에 대해 가장 먼저 이야기해 주고 있습니다. 그리고 그 이전에 부흥했던 교회학교의 모습을 다시 생각해 보도록 차례차례 우리를 안내합니다.

이 책을 읽으며 느낀 것은 당장 우리의 삶에 와 닿는 실질적인 이야기를 구체적으로 하고 있다는 점이었습니다. 만일 오늘 책을 읽었다면 당장 내일부터 새롭게 결심하여 실천할 수 있는 생각과 태도, 실질적인 방침들을 엮어주셨기에 가능하다고 생각합니다. 그렇기에 교회학교의 미래를 걱정하는 목회자, 교사 그리고 많은 성도들이 함께 이 책을 읽으며 질문을 따라 가다보면 실마리를 잡을 수 있을 것입니다.

지금, 우리 교회의 다음 세대를 위해 우리가 해야 할 일이 무엇인지 새로 시작하는 마음으로 하나씩 짚어본다면 교회학교에 대한 걱정이 어느새 소망으로 바뀔 것입니다. 저자인 이충섭 목사님께서 오랜 시간 교회학교에 몸담으셨어도 여전히 아이들을 향한 사랑의 마음이 변하지 않은 것을 책을 통해 느끼게 됩니다. 많은 동역자들이 이 책을 통해 교회학교에 대한 처음 사랑을 회복하게 되기를 축복합니다.

**김병삼 목사**(만나교회)

낯선 곳에서 차를 운전하다가 같은 곳을 두서너 번씩 맴돌았던 경험이 사람마다 다 있을 겁니다. 그렇게 같은 곳을 계속해서 맴돌고 있을 때, 누군가가 다가와 "저쪽으로!" 혹은 "이쪽으로!" 나가야 한다고 '출구!'를 알려준다면 그처럼 반가운 일이 없지요! 가끔 '교회학교가 그렇지 않나!' 하는 생각이 듭니다. 교회학교 부흥을 원치 않는 목회자, 그런 사역자, 그런 교사는 단 한 사람도 없습니다. 열심을 내서 최선을 다하고 있다고 생각하지만, 왠지 교회학교는 제자리를 맴돌고 어떤 부서는 오히려 위축되는 안타까움과 아픔을 경험하기도 합니다. 이충섭 목사님의 『교회학교 해봤어!』는 교회학교 사역에 있어서 그렇게 제자리를 맴도는 안타까움을 품고 있는 모든 교회와 목회자, 사역자, 교사에게 '출구!'를 알려주는 책입니다.

30여 년의 세월 동안 자신의 목회 전체를 '교회학교 부흥'과 '어린이 전도'에 목숨을 걸고 사역해 오신 이충섭 목사님이 제시하는 '출구!'로서의 『교회학교 해 봤어!』는 막연한 이론이나 탁상공론이 아닙니다. 이 책은 교회학교 현장에서 경험한 다양한 문제들과 그 문제에 대한 답을 찾아가는 과정에서 나오는 겸허한 결론들이 주는 신앙적, 신학적 통찰력, 그리고 여기에 교회학교가 부흥하고 있는 국내의 여러 교회들의 구체적 사례들을 더하여, 교회학교 부흥의 출구를 찾는 모든 목회자, 사역자, 교사에게 직접적인 도움을 주는 책입니다.

특별히 '테필린Tefillin'에 기초한 저자의 어린이 설교, 교회학교 설교는 유대인 교육의 핵심이 무엇인지를 소개함으로 오늘날 교회학교 예배와 설교의 기본을 되짚어 보게 하며, 교회학교가 부흥하는 교회들(예수마음교회, 부산 서부교회, 서울 꽃동산교회, 천안 갈릴리교회, 광림교회, 지구촌교회, 달서교회, 대흥침례교회, 새로남교회, 부천성만교회, 사랑의 교회, 소망교회, 온누리교회 등)과 교회학교성장 연구소(은혜캠프) 등 어린이 선교 단체들에서 행해지고 있는 구체적인 예시들의 소개는 독자들의 마음에 어린이 부흥, 교회학교 부흥의 새로운 불을 뜨겁게 지펴줄 것입니다.

저자는 교회학교 사역에 헌신하는 모든 사역자의 중요성과 소중함을 확인시켜 주며, 더 나아가 사역자들 스스로가 확실히 해야 할 사명감에 관해서도 귀한 일침을 가하고 있습니다. 그러므로 이 책은 모든 어린이 사역자, 교회학교 부흥을 꿈꾸는 분들의 서재에 반드시 있어야 할 책이며, 일독이 아니라, 정독과 다독의 유익을 맛보기에 충분한 책임을 확신합니다. 교회학교 부흥을 꿈꾸는 모든 교회, 모든 목회자, 모든 사역자에게 이 책은 '부흥의 꿈'을 향해 나아가는 '출구!'를 찾는 일에 큰 도움이 될 것을 믿어 의심치 아니하며 이 책을 추천합니다.

손학균 목사(춘천석사교회)

# 목 차

# 서문

몇 개월 전에 길거리에서 전도하고 있는데 SISTER전도를 하고 있는 예수마음교회 김성기 목사님께서 전화하셨습니다. 자기가 경험한 전도이야기를 책으로 내고 싶다고 조언을 부탁하셨습니다.

또 며칠 전에는 교회학교성장연구소장이며 은혜캠프 주강사이신 박연훈 목사님께서 6년 동안 초등학교 앞 전도에 관한 이야기를 책으로 내고 싶다고 조언을 부탁하셨습니다.

두 목사님께 제가 느끼고 있는 교회학교 전도에 대하여 말씀드렸습니다. 두 목사님께 코칭하면서 하나님께서 저에게도 교회학교에 관한 책을 써 보라는 생각이 들게 하셨습니다.

감리교신학대학교 신학대학원에서 썼던 논문 "전 회중을 위한 교회행정 연구"-체제 이론중심으로-를 살펴보게 되었습니다. 기독교세계 선교 대학Christian World mission College 기독교교육 박사논문 "교회학교를 통한 교회성장 연구"-어린이 교회학교중심으로-와 석사논문 "교회학교가 부흥할 수 있는 방법연구"-어린이 교육중심으로-를 살펴보았습니다.

학부에서 신학공부를 하고 신학대학원에서 기독교교육을 전공하게 되었습니다. 1992년부터 어린이 부흥사로 활동하고 각종 교사 강습회, 각종 캠프 강사를 하고 여름성경학교 교재 집필을 하고 어린이 설교집 3권을 내고, 어린이 웨슬리 전도학교, 청소년 정책위원, 십대 지기 선교센터 운영위원, 경민 IT고등학교 설교 목사로 활동하면서 기독교교육에 관한 일을 계속해 왔습니다.

1982년부터 교회학교 교사를 시작하였습니다.

교회학교가 부흥할 때가 있었습니다. 교회학교가 잘되고 어린이 들로 교회에 많았습니다. 교회가 어린이든 어른이든 사람들로 가득 찬 것이 좋았습니다.

교회학교를 통해 어린이들이 예수님을 만났습니다. 예수님 때문에 꿈을 가졌습니다. 예수님 때문에 자신감도 생겼습니다. 현재 교회 학교가 힘들고 어렵습니다. 교회학교가 다시 부흥하기를 소원합니다. 가슴 뛰는 교회학교를 보고 싶고 다시 뛰는 교회학교가 되고 싶습니다.

『교회학교 해봤어!』는 그동안 교회학교에서 해 왔던 이야기, 교육 전도사로 해 왔던 이야기, 어린이 집회나 교사 세미나에서 일어났던 이야기, 교회학교 전도에 관한 이야기 등을 이야기하고 있습니다. 이 책이 많은 사람들에게 읽어지기를 원하며 책을 추천해 주신 선한목 자교회 유기성 목사님, 만나교회 김병삼 목사님, 춘천석사교회 손학 균 목사님께 진심으로 감사드립니다. 책 원고를 읽고 후기를 써 주신 여러 목사님, 전도사님, 장로님께도 감사드립니다.

이 책이 나오기까지 보다 좋은 책이 되도록 힘써 주신 누가출판사 정종현 목사님과 누가출판사 직원들에게 감사하고 고맙습니다. 이 책을 쓰는 동안 여러 목사님, 전도사님과 소통하면서 자기의 심정을 토해 주시고 서로 자기 생각을 나누어 주신 분들께 감사드립니다. 이런 분들이 있기에 『교회학교 해봤어!』 책이 더 빛날 수 있었습니다.

교육전도사 매뉴얼이 있었으면 좋겠다고 말씀하셨습니다. 이 책은 담임목사님, 교육목사님, 교육전도사님, 교회 장로님, 교회학교 총무 선생님, 교회학교 교사, 교회 속장, 교회 속회 지도자. 남선교회회원, 여선교회회원들이 읽어도 좋습니다.

승리교회에서 목회할 수 있게 해 주신 전능하신 나의 하나님께 영광 돌리고 승리교회에서 함께 신앙생활을 하고 있는 성도님들께 감사합니다. 힘들고 어려운 일이 있을 때마다 기도하고 도와주신 어머니 심우순 권사님과 늘 자신감으로 목회하라고 격려하는 아내 조혜영 사모와 아버지를 이어 신학대학교를 졸업한 쌍둥이 아들 은규와 진규를 사랑하고 축복합니다.

교회학교 부흥이 다시 일어나기를 간절히 소원하는

**이충섭 목사**

# 교회학교가
# 위기이다

# 1. 코로나19 때문에

💙 코로나19 때문에 교회에서 예배를 드릴 수 없게 된 이유가 무엇인가요?

2020년 2월에 대한민국에 코로나19가 발생하였습니다. 코로나19는 중국 우한에서 발생하여 전 세계로 퍼져 나가기 시작하였습니다.

대한민국에 코로나19로 인해 확진자가 생겼습니다. 2020년 7월 28일 현재 확진환자 14,203명이고, 사망자가 300명입니다. 대한민국에 확진환자들이 생기면서 2020년 3월부터 교회가 사회적 거리를 두고 함께 예배드리는 것이 힘들어졌습니다.

주일예배나 교회학교 예배는 교회에서 예배드리지 못하고 가정에서 인터넷으로 영상 예배드리는 교회가 생겨나기 시작하였습니다. 선교 135년 동안 전염병으로 인해 이렇게 예배드리기가 힘들어진 적이 없었습니다. 시청에서 매주일마다 나와서 코로나19 예방수칙을 잘 지키고 있는지 시찰하였습니다.

정부가 제시하는 교회 예배 시 코로나 예방 7대 수칙은;

1. 예배 전 후 안과 밖 소독

2. 손 소독기 비치

3. 입장 전 발열 체크 · 기침<sub>인후염</sub> 확인

4. 예배 참석자 명단 작성

5. 예배 시 2m 거리 유지

6. 마스크 착용

7. 식사 제공 금지

등 입니다. 여기에 예배 후 추가적인 다른 소모임 안하기, 악수 안 하기 등도 강조됩니다. 이렇게 되니 교회에서 교회학교 예배드리는 교회가 힘들어졌습니다.

한국 교회학교가 어린이 수가, 학생 수가 적어진지 오래되었습니다. 교회학교에 어린이들이 없고 학생들이 없습니다. 이런 가운데도 매주 예배드리는 교회가 있고 매주 예배드리는 교회학교가 있습니다.

세상 사람들이 교회에 예배드리는 것을 무척 싫어하고 왜 예배드 려서 우리들을 불안하게 하느냐? 하는 사람들도 있습니다. 예배드리 는 것이 세상 사람들에게 큰 문젯거리가 되었습니다.

*아버지께 참되게 예배하는 자들은 영과 진리로 예배할 때가 오나니 곧 이 때라 아버지께서는 자기에게 이렇게 예배하는 자들을 찾으시느니라*

요한복음 4장 23절

💗 코로나19 때문에 교회에서 예배를 드리는 것이 얼마나 소중한가를 깨닫는 이유는 무엇인가요?

코로나19로 인해 매주마다 교회에서 예배드리는 것이 당연한 것이 아니라는 것입니다. 이젠 교회에서 예배를 드리고 싶어도 드리지 못하는 상황이 되었습니다. 교회에서 성경공부를 하는 것도 힘들어졌고 예배 후에 당연히 식사하며 성도들과 교제하는 것도 힘들어졌습니다.

지금까지 주일이면 교회에서 예배드리는 것이 당연한 것이었지만 지금은 아닙니다. 교회에서 예배드리는 것이 소중하였습니다. 아직도 코로나19가 진행 중입니다. 교회에서 예배드리기를 간절히 소원합니다.

신앙생활의 기본은 예배입니다. 교회학교 예배는 어린이나 청소년이 하나님을 경외하고 악에서 떠나는 삶의 고백시간입니다.

'이런 교회가 되게 하소서'라는 찬양이 생각납니다.

진정한 예배가 숨 쉬는 교회
주님이 주인 되시는 교회
믿음의 기도가 쌓이는 교회
최고의 찬양을 드리는 교회
말씀이 살아 움직이는 교회

성도의 사랑이 넘치는 교회
섬김과 헌신이 기쁨이 되어
열매 맺는 아름다운 교회

주님의 마음 닮아서
이웃을 사랑하는 교회
주님의 영광을 위해서
빛 되신 주님 전하는 교회

사랑의 불꽃이 활짝 피어나
날마다 사랑에 빠지는 교회
주께서 사랑하는 우리 교회가
이런 교회 되게 하소서

말씀이 살아 움직이는 교회
성도의 사랑이 넘치는 교회
섬김과 헌신이 기쁨이 되어
열매 맺는 아름다운 교회

주님의 마음 닮아서
이웃을 사랑하는 교회
주님의 영광을 위해서
빛 되신 주님 전하는 교회

주님의 마음 닮아서
이웃을 사랑하는 교회
주님의 영광을 위해서
빛 되신 주님 전하는 교회

사랑의 불꽃이 활짝 피어나
날마다 사랑에 빠지는 교회
주께서 사랑하는 우리 교회가
이런 교회 되게 하소서

주께서 사랑하는 우리 교회가
이런 교회 되게 하소서
이런 교회 되게 하소서
이런 교회 되게 하소서

또 내가 네게 이르노니 너는 베드로라 내가 이 반석 위에 내 교회를 세우
리니 음부의 권세가 이기지 못하리라 마태복음 16장 18절

## 2. 교회학교의 교육적 사명은

교회학교의 교육적 사명은 무엇이 있나요?

교회는 말씀선포<sub>케리그마</sub>와 교육<sub>디다케</sub>, 친교<sub>코이노니아</sub>를 하기 위하여 모이고, 세상을 향한 봉사<sub>디아코니아</sub>와 선교를 하기 위하여 흩어져야만 합니다. 교회는 모임과 흩어짐의 알맞은 조화를 이루어야 합니다. 교회는 말씀 선포와 교육, 친교와 봉사를 골고루 제기능을 다하게 하여 활력 있고 살아 있는 교회가 되게 하여야 합니다.

케리그마는 말씀, 복음이라고 할 수 있으며, 그 방법에 있어서는 전도, 선교, 설교라고 할 수 있습니다. 말씀선포는 교회 안에 있는 사람에게 하나님께서 행하시는 구원의 행위가 현재적으로 나타나는 것입니다. 교회에서 말씀선포가 행해질 때마다 인간을 구원하시는 예수 그리스도의 사건이 현재적으로 체험되는 것입니다.

디다케는 가르침을 의미합니다. 초대교회의 교육은 사도들의 가르침, 성도의 교제, 기도, 떡을 함께 떼는 일, 이 모든 전체 생활 속에서 이루어졌습니다. 기독교 신앙을 고백하기까지에는 기본적 진리에 대한 교육은 필수적입니다.

코이노니아는 친교를 의미합니다. 신약성서에서는 성도가 그리스도와 성령과 관계하는 것을 뜻하며, 그 관계를 바탕으로 성도와 성도끼리 서로 사랑의 영적 교제와 형제애를 나누는 것을 의미하기도 합니다. 진정한 친교란 예수 그리스도와 성령 안에서 일어납니다.

디아코니아는 본래 식탁에서 일하며 봉사하는 것을 의미합니다. 기독교인들은 소외된 사람들 속에 그리스도를 증거하고 사랑을 나누는 섬김의 행위 속에서 스스로 배우기도 하고 다른 사람들을 가르치기도 하였습니다.

예수 그리스도의 십자가 사건과 부활을 통하여 영원한 생명과 구원을 경험한 교회는 말씀의 선포케리그마, 말씀의 가르침디다케, 말씀의 나눔코이노니아, 말씀의 증거디아코니아를 통하여 회중을 부르고, 훈련하고, 세상으로 내보내는 신앙의 장이었던 것입니다. 교회는 디다케뿐만 아니라 생활 전부를 통하여 회중을 가르치고 파송하는 공동체였던 것입니다.

신앙공동체의 교회는 예수 그리스도의 십자가과 부활을 신앙하는 공동체이며 그 신앙을 전수해야 하는 교육적 운명을 그 안에 간직하고 있습니다. 신앙이 주어지는 것이라면 교육은 주어진 신앙을 지키고 미래에로 투영하는 신앙을 역사화하여 가는 사명을 위임받는 것입니다. 교회 교육은 교회의 존재와 깊이 관계됩니다.

교회학교의 교육적 사명은 어린이 개인들이 예수님을 인격적으로 만남을 체험하도록 교육하는 것입니다. 어린이가 예수님을 나의 구주로 시인하고 고백하면 어린이가 받은 은혜는 평생 갑니다. 어린이가 어렸을 때 예수님을 만나고 신앙생활을 하면 한국의 미래를 밝게 열어가는 것입니다. 어린이 교회학교의 교육은 정말 중요합니다. 어린이가 살아야 한국이 삽니다.

어린이 교회학교가 살아야 한국교회가 삽니다.

내가 너희에게 분부한 모든 것을 가르쳐 지키게 하라 볼지어다 내가 세상 끝날까지 너희와 항상 함께 있으리라 하시니라 마태복음 28장 20절

💗 교회학교의 교육적 사명을 어떻게 적용하시고 계시나요?

승리교회는 이충섭 전도사(현재는 목사) 부부가 1993년 3월 27일 개척하여 지금까지 28년 오고 있는 교회입니다. 교회학교는 개척하고 나서 아내랑 전도지에 사탕을 붙여 어린이 80명에게 전도하여 주일에 10명의 어린이가 나와 교회학교 예배가 시작되었습니다. 이때 나온 사람이 박선혜, 박선영, 노명희, 노주희, 노명철, 원미경, 원종철, 유나나, 김준호이었습니다.

교회학교는 어린이들이 계속 늘어나기 시작하였습니다. 어린이들이 다른 어린이들을 전도해 와서 예배를 드렸습니다. 당시에는 "예수님을 닮아가는 어린이"라는 주제를 가지고 예배드리고 분반공부

를 하였습니다. 또한 교회에서 공부방을 하였습니다. 집에서 공부하기 힘들어 하는 어린이에게 교회에서 공부를 가르치고 지도하였습니다. 부모님들이 좋아하셨습니다. 이때부터 어린이들이 사회보고 기도하고 헌금위원을 했습니다.

어린이들이 자신감을 가지고 있지 못했는데 어린이들이 예배 사회를 보면서 자신감을 갖게 되고 기도하면서 발표력도 뛰어났습니다. 교회 반주를 하기 위해 찬송가 연습을 하고 얼마나 신나게 교회학교를 했는지 모릅니다. 매주마다 교회에 나오는 어린이들이 많아서 기독교서점에 어린이 찬송가를 매주 사러 갔던 기억이 납니다.

어린이는 사랑하면 변화됩니다.
어린이는 인정받고 싶습니다.
잘 한다는 소리를 듣고 싶어 합니다.

이런 어린이들이 여름성경학교를 할 때는 축제였습니다. 재미가 넘쳐 났습니다. 그 당시 인형극은 최고의 프로그램이었습니다.

승리교회 인형극은 인형 조작은 교사 2명이 하고 인형극 대본은 고학년 어린이들이 안 보이는 곳에서 마이크를 잡고 하는 것인데 언제나 인형극은 재미가 있었습니다. 두통이의 마음은 언제나 좋은 인형극이었습니다.

10년이란 세월이 흘러 교회가 이전하게 되었습니다. 그때 당시에도 교회학교 어린이들은 많이 있었습니다. 어린이들과 재미있게 사역하였습니다. 어린이 부흥회를 다니는 저로서는 어린이 설교가 은혜롭고 재미가 있었고 어린이들은 반응이 좋았습니다.

당시 교회가 건물 2층에 있었습니다. 어느 날 건물 2층 교회 옆에 성인용품 가게가 들어왔습니다. 교회 옆에 성인용품이 들어왔으니 어느 누가 좋아하겠습니까? 더군다나 부모님이 교회를 다니지도 않는 사람들은 자녀들을 교회에 보내기를 거절하였습니다. 있던 어린이들이 줄줄이 나갔습니다.

또다시 교회를 옮기게 되었습니다. 그곳에서 교회학교 운영하기가 어려웠습니다. 초등학교 앞이고 중학교 앞에 있는 교회이지만 주위에 큰 교회들도 있어 작은 교회에 어린이나 학생들이 잘 모이지 않았습니다. 그래도 있는 어린이와 학생들을 데리고 여름성경학교를 하고 수련회도 다녔습니다.

중학교 앞에서 교회 10년 하다가 건물주인 다른 교회 권사님께서 월세 100만 원을 받겠다고 해서 지금의 건물을 사서 교회를 하고 있습니다.

어린이랑 청소년들이 몇 명 되지 않지만 여전히 교회학교 예배가 드려지고 있다는 것이 감사할 뿐입니다.

교회학교가 살아야 교회가 삽니다.

가르침을 받는 자는 말씀을 가르치는 자와 모든 좋은 것을 함께 하라
갈라디아서 6장 6절

## 3. 교회학교 교사하기 싫어

💗 요즘 교회학교 교사하기 싫은 이유는 무엇이 있나요?

요즘 교회에서 교회학교 교사하기 싫은 것은 청년 이상 어른 평신도 집사님, 권사님, 장로님은 교회학교 예배가 주일 낮 예배드리는 시간에 교회학교 예배를 하기 때문입니다. 교사들도 성도들이 많이 모이는 대예배에 참석하여 은혜받고 싶고 담임목사님의 설교를 듣고 싶어 합니다. 함께 신앙생활하고 있는 성도님들과도 교제를 나누고 싶은데 교회학교 교사를 하다 보면 교회 성도님과 교제를 나누기가 어려울 때가 있습니다.

교회학교 교사를 하려면 어린이들에게 말씀을 가르쳐야 하고, 어린이들이 교회에 나오도록 수시로 연락을 해야 하고, 어린이들에게 간식을 사 주어야 하기에 물질적으로도 많이 비용이 들어갑니다. 무엇보다 어린이들이 옛날처럼 고분고분 하지도 않습니다. 어린이들이 게임에만 빠져 있습니다. 게임에만 빠져 있는 어린이들을 어떻게 신앙교육을 시켜야 할지 모릅니다. 어린이들이 교회에 오는 것보다 집에서 게임하거나 늦잠 자는 것을 좋아합니다.

교회학교 교사가 청년인 경우는 대학 등록금을 마련하기 위해 알바를 해야 하기에 교회학교 교사가 힘들어지고 청년이라 이성과 데이트할 시간도 있어야 합니다. 어린이랑 놀아 줄 시간이 부족하고 애정도 부족합니다. 무엇보다도 청년 자신이 구원의 확신이 부족하여 어린이에게 무엇을 어떻게 가르쳐야 할지를 모릅니다.

신앙생활을 열심히 하는 사람들이 교회학교 교사를 하는데 교회에서 하는 일도 많이 있습니다. 교회학교 교사하면서 찬양대원을 한다든지, 교사하면서 여선교회 임원이나 활동을 한다든지, 교사하면서 지역장이나 속장을 맡아서 해야 하고 교회 애찬을 담당해야 할 때도 있기에 심리적으로 부담을 많이 가지고 있습니다. 교회 봉사하면서 상처 받는 일이 있어 교회학교 교사하는 것이 부담이 되고 지쳐 있습니다. 올해만 교회학교 교사하자 하면서 마지못해 교회학교 교사하는 분들이 있습니다.

더군다나 어린이나 학생들을 소화하기 힘들고 그나마 애정을 쏟는 그 아이들은 정작 주일이 되면 학원이나 친척 집, 결혼식장에 가야 한다고 합니다. 부모님 따라 가야 한다고 하면서 어린이들이 교회에 잘 나오지도 않습니다. 이런 상황임에도 불구하고 교회학교 교사를 감당하는 분들이 있습니다. 제가 어렸을 때 교회학교에서 가르친 권사님은, 모 교회에서 지금도 교회학교 교사를 하고 계십니다. 이분

처럼 어린이나 학생들에게 시간을 투자하고 물질을 투자하면서 교회학교 교사의 사명을 감당하려고 애를 쓰는 분들도 있습니다. 그러기에 힘들지만 교회학교가 유지되고 있는 것입니다.

교회학교 어린이나 학생들이 많이 있지 않아도 본인이 섬기는 교회에 어린이나 학생들이 있다는 것을 감사해야 합니다. 좀 힘들고 어려워도 헌신적으로 희생하고, 열심히 교회학교 교사를 하는 사람들을 교회에서는 따뜻하게 격려하고 칭찬해야 합니다. 교회학교 교사가 있기에 교회학교가 유지되고, 믿음의 명문 가문을 이어가고 있습니다.

오랫동안 교사를 하고 담임목회를 하는 동안 교회의 직분자 자녀들이 교회학교에 남아서 예배드리고 있습니다. 어린이나 학생 혼자 신앙생활하는 아이는 몇 년이 지나면 교회학교에서 사라지는 것을 볼 때가 많습니다. 교회의 직분자들의 자녀들이 신앙생활을 잘하도록 사랑과 기도로 잘 돌볼 필요가 있습니다.

어느 교회 청년 이야기입니다.

"사실 저도 교회학교 교사하라고 권유를 많이 받았었어요. 이전 교회에서는 제가 권사와 안수집사의 자녀이고 부모님도 교사로 섬기고 계시기 때문에 저의 의견과 상관없이 교회교사를 하는 것이 당연하다고 하시면서 저에게 계속 말씀하시는 부분이 있었습니다.
내 믿음이 바로 서지도 않은 것 같고 내 신앙이 흔들려 좀 더 하나님과의 관계에 집중하고 회복하고 싶었지만 주변의 그런 시선과 강요가 부담스럽게 다가옵니다. 그렇게 교사를 시작한 친구들은 자신의 삶과 생활을 버리고 교회학교에만 집중하고 제자인 친구들에게 좀 더 많은 시간과 노력을 투자합니다. 그게 하나님이 기뻐하시는 일이라고 얘기를 듣게 되는 경우가 많이 있습니다.

그렇다 보니 그 안에서 교회학교 교사를 하면서도 교회학교라는 공동체 안에서 교제가 일어나고 회복이 일어나는 것이 아닙니다. 그 안에서 섬김과 헌신이라는 이름 하에 강요와 부담을 느끼게 되고 결국 지치게 되는 현실인 것 같습니다.

같이 섬기고 있는 집사님, 권사님, 사역자 분들을 통해서 오히려 상처받고 무너지는 경우가 많이 있었습니다. 청년들은 그 안에서 실망하고 상처받아 결국은 교회를 떠나게 되는 경우를 많이 보았습니다.

저 또한 그랬고 그 관계와 저의 신앙을 회복하기까지 오래 걸렸던 것 같습니다.

이런 부분에 대해서 목사님이 다뤄주시고 이렇게 교회학교에서 섬기면서 상처받은 형제자매 청년들을 어떻게 위로할 수 있는지 그리고 그 안에서 참다운 사랑의 공동체를 이루기 위해서는 어떻게 해야 하는지, 각자의 역할과 상황 속에서 지치고 상처받지 않고 섬길 수 있는, 중심을 잡기 위해서 어떻게 해야 하는지 알려주시면 좋을 것 같습니다.

저는 제 생활을 버리고 교회에 집중해야 한다는 말을 들은 적이 있었어요. 회사일, 공부 등은 중요하지 않고 무조건 교회봉사와 신앙을 위해서 하던 일을 제쳐두고 나와야 한다는 말이, 세상 속에서 살아가는 저희 청년들이 할 수 있는 부분인가? 하는 생각이 들더라구요.

오히려 일, 공부 등을 버리고 교회에만 집중하는 사람들을 욕하는 사람들도 많이 보았구요. 그런 부분들이 아마 교회학교 교사나 교회봉사를 꺼리게 되는 이유가 되지 않을까 싶습니다. 세상 속에서 선한 영향력을 드러내면서도 교회 공동체 안에서 회복, 위로, 사랑이 이루어진다면, 균형이 잡혀진다면 아마 청년들도 오히려 먼저 나서지 않을까 하는 생각이 들어요."

교회학교 교사가 강요와 부담으로 시작한다는 것이 문제입니다. 교회학교 교사는 하나님께서 나를 사랑하시고 나를 구원하여 주셨다는 감동과 감격으로 어린이를 사랑하는 마음으로 교사 직분을 감당해야 하는데 강요와 부담으로 먼저 왔다면 다시 하나님께서 나를 사랑하고 구원하고 은혜주시고 감동과 감사가 넘치는지를 살펴볼 필요가 있습니다.

교회학교 교사는 많은 시간을 요구하고, 헌신해야 하고, 말씀을 연구해야 하고, 어린이를 위해 날마다 기도해야 하고, 사랑하며 그리스도의 향기를 나타내야 할 필요가 있습니다. 교회학교 교사가 어린이들에게 뭔가를 가르치기 보다는 하나님 안에서 회복, 위로, 사랑을 채워져야 합니다. 내가 먼저 하나님의 사랑과 은혜와 회복과 위로가 있어야 다른 사람에게 사랑하고 위로하고 회복할 수 있기 때문입니다.

한 번 교회학교 교사는 평생 교회학교 교사입니다. 섬기는 교회에서 새로 되시는 장로님으로 피택 되시는 분들은 교회학교 교사를 반드시 하라고 권하고 싶습니다. 장로님들이 교회학교 교사를 해 봐야

목사님의 심정을 잘 알 수 있습니다. 한 어린이가 교회학교에 들어와 양육되어 신앙생활 잘하는 것이 결코 쉽지 않는 것을 알 수 있기 때문입니다.

어느 교회 권사님은 구역장을 하면서 자기에 속해 있는 구역원들이 예배를 얼마나 드리는지, 얼마나 신앙양육이 되었는지, 집안에 무슨 일이 일어났는지 살펴보면서 담임목사님의 심정을 알게 되었다고 고백하는 것을 들었습니다.

> 또 아비들아 너희 자녀를 노엽게 하지 말고 오직 주의 교훈과 훈계로 양육하라 에베소서 6장 4절

### 🫀 교육전도사님이 너무 자주 바뀌어서 힘들어요?

교육전도사님은 한 교회에서 어린이부이든 학생부이든 한 부서를 맡아서 교육을 시킵니다. 보통 교육전도사님은 신학대학교 4학년이거나 신학대학원생일 경우가 많습니다. 신학 공부하는 동안 교회에서 한 부서를 맡아 지도하게 됩니다.

공부하는 동안에 사역을 하기에 보통 길어야 2년 정도입니다. 어느 경우에는 1년이거나 1년 미만인 경우도 있습니다. 그러니 한 교회에서 교육전도사를 하는데 교회에서 원하는 사역을 하는 것이 아니라 학교에서 배운 것을 교회에서 가르치는데 이상한 소리만 들립니다.

제가 신학대학을 졸업하고 한 교회에서 교회학교를 담당하여 사역을 하였습니다. 처음 교육전도사 사역한 교회는 그리 크지 않았습니다. 교회학교 교사, 찬양대, 전도, 교회 청소, 가끔 주일 저녁 설교, 가끔 새벽기도회 인도 등을 감당하게 되었습니다.

신학대학교 신학과만 나와서 어린이들에게 설교하는 것이 무척 힘들었습니다. 집중하지 못하는 어린이들에게 어떻게 설교를 해야 할지, 어떻게 지도해야 할지 몰랐습니다.

보통 교회학교 교사들이 다른 교회학교 교사들이 어떻게 어린이들을 분반하는지, 어린이들에게 어떻게 지도하는지를 교회학교 현장에서 배우지 못하고 반을 맡기고 아무것도 모르면서 반 지도를 하는 경우가 많습니다.

교육전도사가 교회마다 사정이 다르겠지만 교회학교 운영은 어떻게 하는 것이고, 부장 선생님과 반 선생님과는 어떤 관계를 가져야 하는지, 어린이 설교는 어떻게 준비하고 진행해야 하는지, 어린이들의 고민문제는 어떻게 해야 하는지, 교회학교 예산은 어떻게 충당해야 하는지를 알고 교육전도사를 해야 하는데 그런 것을 모르고 교육전도사를 하니 실수하는 것이 많습니다.

교육전도사가 교회학교 교사들에게 상처를 주고 실망하게 되기도 하고, 교회학교 교사가 교육전도사에게 상처를 주고 낙심하는 경우도 있습니다.

교회에 교육전도사가 자주 바뀌면 교회학교가 힘들어 집니다. 교육전도사가 교회에 와서 이렇게 교육하겠습니다 하다가 다른 교육전도사가 교회에 와서 또 다르게 이렇게 교육하겠습니다 하면 교회에 남아 있는 교회학교 교사들은 어리둥절합니다. 뭘 어떻게 하겠다는 것인지…

보통 교회학교 교사들 중에는 그 교회에서 20년, 30년 교회학교 교사하는 분들도 꽤 있습니다. 그러니 교육전도사가 하는 교육을 보면 우스울 수 있습니다.

반대로 교육전도사가 뭔가 하려고 하면 교회학교 교사를 오래하셨던 분들이 반대하고 협조하지 않기에 서로 간에 불편하고 교회학교 운영이 힘들어집니다.

교육전도사의 사례가 너무나 작아서 교육전도사 하는 것보다 알바 하는 경우가 더 낫다고 생각합니다. 알바는 정확히 일하는 만큼 정확하게 급료가 나옵니다. 자기에게 맡겨진 일만 하면 됩니다. 교육전도사는 교회학교 일만 하는 것이 아니라 교회 일에도 참여해야 한다는 것도 사실입니다. 공부하는 학생인데 수요예배, 금요예배, 특별 새벽기도회에 나와야 하기에 시간적으로도 부담이 됩니다.

교회 일은 따로 정해져 있는 것이 아니라 담임목사님이나 부목사님이 시키는 일이 있으면 그것도 해야 합니다. 그러니 교육전도사가 자기 부서만 신경 쓸 수가 없습니다. 교육전도사도 교회일 하다가 지쳐서 때로는 상처 받고 교육전도사를 그만 두는 경우가 있습니다. 요즘에는 교회에 말도 없이 교회를 안 나오는 전도사도 있습니다. 이러니 교육전도사나 교회학교 교사가 사역하기 전에 힘들고 지치고 강요당하고 헌신을 요구하기에 더 힘들어집니다.

교육전도사와 교회학교 교사가 하나님께서 주시는 기쁨으로 어린이 사역을 감당할 수 있을까요? 하나님의 일은 하나님께 기쁨으로 사역을 감당하는 것입니다.

교회학교 사역하는 일에 고민하고 있는 어느 전도사님의 이야기입니다.

"마치 저의 이야기인 것처럼 사역에 대한 열정과 고민을 담고 있는 교육전도사이시라면 모두가 공감할만한 이야기입니다. 이런 문제제기는 계속 나오고 있고 주변에 사역하다가 낙심하는 사례들도 많습니다.

사실 교회 역시도 교육전도사가 계속 바뀌거나 문제를 일으키거나 갈등이 있을 때 타격이 클 텐데 정작 이에 대한 해결책을 마련하는 데는 관심이 없다는 것도 문제입니다.

교회 현장에서는 교육전도사에게 제대로 인수인계 해 주거나 가르쳐 주지 않는 경우가 많아서 이에 대한 사역자에 대한 배려도 많이 필요합니다.

목사님의 글이 여러 가지 공감이 많이 가서 위로가 되었습니다.^^

애초부터 전도사를 채용할 수 있을 만큼의 규모의 교회들이 교육부, 다음 세대에 대한 관심이 없는 거 같은 느낌도 들어요. 전도사가 열심히 뭘 해서 성과를 내도 솔직히 기뻐하지도 않잖아요. 못해도 심드렁하고… 대우는 열악하고… 이런 현실이 저의 느낌입니다. 교회들이 그저 교육부에 사람이 비니까 대충 사람 채워 넣는다는 이런 생각의 느낌도 있어요."

💗 교육전도사님과 교회학교 총무 선생님과의 갈등이 일어났어요?

제가 부천에 있는 어느 교회 교육전도사로 사역할 때 일입니다. 교회에 교육전도사로 부임하였는데 교회학교 총무 집사님이 계셨습니다. 교회학교 총무 집사님은 신학공부를 하고 싶어 하셨지만 신학공부를 하지 못하고 교회학교 총무로써 교회학교 봉사를 하셨습니다.

교회학교 총무 집사님은 교육전도사는 설교만 하시고 교회학교 전반 행정수반은 교회학교 총무인 자신이 해야 한다는 것입니다. 교회학교 계획을 세우고 교회학교 예산을 세우는 일을 해야 한다는 것입니다.

그 교회는 교회학교 유치부, 아동부, 중등부, 고등부, 청년부 다 있어 거기에 각 부서 부장님이 계셨습니다. 교회학교 교사 중에는 오래 동안 교회학교 교사를 하셨던 분들도 있었습니다. 부장님들 중에는 교육전도사가 하자고 하는 대로 잘 따라 주시는 부장님들도 있었지만, 교육전도사가 하는 일에 반대하고 반기를 드는 부장님들도 있었습니다. 그러니 교회학교 교육이 제대로 되지 못하였습니다.

그때 당시 교육전도사인 제가 "교회학교 계획을 세우고 교회학교 예산을 세우는 일을 교육전도사가 해야지 왜 총무 선생님이 하느냐?"고 반기를 들었습니다.

오랜 갈등 속에 교회학교 총무 선생님이 교회학교 총무직을 내려 놓았습니다. 총무 선생님이 교회학교 총무직을 내려놓으니까 교회학교 교사들이 "교육전도사, 얼마나 잘하는지 보자?" 하면서 비협조적으로 나오기 시작하였습니다.

　　교회학교가 힘들어졌습니다. 그때 신학대학원을 다니고 있었는데 목요일에는 교회 근무를 해야 했고, 한 속을 담당해야 했고, 청년부도 담당해야 했습니다. 청년부를 담당하면서도 교회에 찬양단이 있었는데 청년부 모임과 찬양단 연습이 거의 같은 시간이라 이것도 갈등 구조에 있었습니다.

　　교육전도사가 담임목사님께 "교회학교 계획하고 예산을 청구하는 일을 교육전도사가 해야 하지 않습니까? 청년부 모임이 있으니 찬양단 연습도 청년부 모임시간 피해서 모여야 하지 않습니까?" 하는 건의를 해 본 적이 있습니다. 담임목사님께서 아무 말씀을 안 해 주셨습니다. 담임목사님께서 교육전도사편도 총무 선생님편도 들어 주지 않았습니다.

　　담임목사님께서 찬양단을 운영하면서 담임목사님께서 부흥회에 가실 때 찬양단이 가서 찬양하였습니다. 그러니 찬양단이 귀하게 보였습니다.

　　지금 와서 생각해 보니 교육전도사는 맡아진 설교를 잘하고 교사 관리를 잘하고 교회학교 총무가 교회학교 계획과 예산관리를 하는 것이 좋다고 생각합니다. 교육전도사는 몇 년 하다가 그 교회를 떠나야 하지만 교회학교 총무, 부장, 교사들은 그 교회를 평생 섬기기 때문입니다.

교육전도사와 교회학교 총무, 부장, 교사들 간에 갈등 구조에 있으면 교회학교 운영하기 어렵습니다. 교육전도사의 역할과 교회학교 총무, 부장 역할을 잘 구별하여서 서로 협력하고 도와주고 격려하면서 하는 것이 좋습니다. 교회학교에서 싸움이 일어나면 교회학교 부흥을 가져 올 수가 없습니다. 갈등구조가 아닌 서로 보완하는 사랑의 관계가 절대 필요합니다.

어느 전도사님의 고백입니다.

"많이 공감됩니다. 많이 서툰 상태에서 여러 가지를 맡다 보니 상처만 입게 된다는 부분이 많이 와 닿았어요. 제 이야기 같았습니다.
교육전도사도 자신의 일을 어떻게 해야 하는지를 알려주고 지도하고 가르쳐주는 사람이 필요함을 느낍니다.
교육전도사가 무엇을 해야 하는지 정확히 가르침을 받지 못하고 교회에서 사역할 때가 많습니다. 사역을 감당해야 할 것도 여러 가지이고, 그것을 잘할 수 있도록 안내할 수 있는 사람이 필요합니다.
교육전문가가 필요한 시대입니다. 전도 전문가, 찬양 전문가, 설교 전문가. 분반학습 전문가, 반운영 전문가들이 있습니다. 그들 전문가가 평범한 교육전도사들에게 잘 교육할 수 있는 사람들이 되었으면 좋겠습니다."

모세가 눈의 아들 여호수아에게 안수하였으므로 그에게 지혜의 영이 충만하니 이스라엘 자손이 여호와께서 모세에게 명령하신 대로 여호수아의 말을 순종 하였더라 신명기 34장 9절

💛 담임목사님께서 교회학교에 관심을 가져 주지 않으시네요. 어떻게 해야 하나요?

부천에서 섬겼던 교회에서 담임목사님의 목회 방향과 교육전도사의 교육방향이 다르면 얼마나 힘들고 어려운지를 느꼈습니다. 이 사실을 알고 제가 부목사로 안 간 이유입니다. 그래서 의정부에 개척하여 지금까지 28년 담임목회를 하고 있는지 모릅니다.

담임목사의 목회 방향은 너무나도 중요합니다. 담임목사 목회가 선교이면 선교하는 일에 올인합니다. 찬양이면 찬양하는 일에 올인합니다. 담임목사님께서 교육부에 관심을 가져 주기가 쉽지 않습니다.

담임목회하면서 교육부에는 투자해야 합니다. 많은 투자를 해도 성과 있는 결과가 나오기 힘듭니다. 담임목회하면서 어른들에게 투자하면 어른들은 헌금을 하기에 사역하는 것이 보람이 있습니다. 결과도 쉽게 나올 때도 있습니다. 그저 은혜만 끼치면 되기 때문입니다. 때로는 양육해야 하는 것도 있지만 어른들은 말이 통하고 대화 나누기가 좋습니다. 대화하기 힘들게 하는 분도 있지만 대체로 어른들은 말이 통해서 좋다는 것입니다.

교육부는 계속해서 투자해야 합니다. 돈이 많이 들어갑니다. 여름

성경학교를 한다면 많은 돈이 들어가는데 여름성경학교가 끝나고 나면 남는 것이 없을 때가 많습니다. 담임목회하면서 교육부는 돈만 들어가고 성과가 없는 것 같습니다.

의정부에 어느 교회에서는 교육부에 엄청나게 투자합니다. 학생들에게 장학금을 주고, 학생들에게 해외로 나갈 수 있는 기회를 주고, 주일 저녁예배 때 학생부 찬양대가 매주 찬양하고 있습니다.

이 교회는 중고등부와 청년부가 서로 연합하여 수련회를 가는데 준비를 많이 하여서 해외에 나가 친밀도가 많아집니다. 국내로 갈 때도 한 교회 공동체인 것을 느끼게 합니다.

이 교회 담임목사님께서 교육부에 투자를 많이 하고, 교회 성도님들이 교회학교를 위해 많은 헌금을 하시며 교육부에 투자하니 다른 교회보다 교회학교가 잘되는 편입니다. 담임목사님께서 교육부에 관심이 없을 때는 부목사님이나 교육부 담당 장로님께서 교육부 서류 보고를 잘해야 합니다. 자주 대화를 할수록 관심을 가지게 됩니다.

교육전도사가 담당한 부서에 부흥을 가져 와야 합니다. 교육전도사를 썼는데 그 부서에 모이는 수가 별 차이가 없으면 교회에서 교육전도사를 써야 할 이유가 있을까요? 교육전도사는 담당한 부서가 부흥하도록 힘써야 합니다. 교육전도사는 전도하는 일과 설교하는 일과 교사 관리를 잘하면 됩니다.

어느 교회에서 일어난 일입니다.

어느 날 교회학교 한 부서 부흥회를 하기로 했습니다. 그런데 갑자기 부흥강사가 올 수 없다고 연락이 왔습니다. 교회학교 부흥회를 해야 하는데 강사가 못 온다고 하니 그 교회 담당전도사가 부흥회를 인도하게 되었습니다. 그날따라 담임목사님께서 그 부흥회에 참석하셨습니다. 담당전도사님께서 부흥회 설교를 너무 잘했다는 것입니다.

그다음부터 그 전도사님께서 교육부 예산을 청구하면 담임목사님께서 다 들어주셨다고 합니다. 깎지 않으셨습니다.

담임목사님께 교육부에 관심을 갖게 하는 것은 교육전도사나 교회학교 교사들이 담임목사님을 감동시켜야 합니다. 감동이 있을 때 마음이 움직입니다.

바로가 그의 신하들에게 이르되 이와 같이 하나님의 영에 감동된 사람을 우리가 어찌 찾을 수 있으리요 하고 창세기 41장 38절

# 4. 교회학교 예배와 설교가 엉망

💬 교회학교 예배시간이 엉망이고 설교도 재미가 없는데 어떻게 해요?

어린이가 교회학교를 다녀도 예배 속에서 하나님을 만나지 못하고 그냥 교회를 다니는 경우가 많습니다. 교회에 재미를 잃어가고 있습니다. 어린이가 극단 이기주의, 왕따 문화, 인터넷 중독, 게임 중독 등등으로 인하여 어린이 인성이 망가지고 있습니다.

교회를 다녀도 구원의 확신이 없이 맹목적 출석자로 양산하고 있습니다. 음악 시간인지 놀이 시간이진 구분이 안 되는 흥미위주의 프로그램들로 어린이들의 심성이 약화되었습니다. 프로그램이 매해 비슷비슷합니다. 어린이들이 예배시간에 떠들고, 친구와 게임하고, 자기 자리에서 떠나 돌아다니는 아이가 있고, 누워 있는 아이도 있습니다.

교회학교예배를 진단해야 합니다. 크리스천이라면 그 삶의 클라이맥스는 예배가 되어야 합니다. 교회의 모든 교육 역시 클라이맥스는 예배가 되어야 합니다.

예배시간에 찬양하는 것을 보세요. 찬양은 하나님을 높이고 하나님을 자랑하고 하나님을 찬송하는 시간입니다. 찬양시간에 찬양 인도하는 교회학교 교사가 잘 인도해야 합니다. 찬양에도 서론이 있고 본론이 있고 결론이 있습니다. 찬양이 육에서 영으로 찬양하도록 이끌어 주어야 합니다.

어린이들이 신나고 즐겁게 찬양하다가 중구난방 제멋대로 찬양하는 것을 보게 됩니다. 찬양시간에 우리 뭐 부를까 하면서 주제 없이 기분 나는 대로 찬양하는 경우도 있습니다.

교회학교 예배시간에 찬양하는 시간을 정말 잘해야 합니다. 찬양하는 시간이 예배시간이라는 것을 알아야 합니다. 찬양은 예배를 준비하기 위해 하는 것이 아닙니다. 찬양이 시작되었으면 예배가 시작된 것입니다. 찬양을 통해 하나님의 임재가 있는 영혼을 살리는 찬양을 불러야 합니다.

교회학교 예배할 때 사회나 기도하는 모습을 봅니다. 교회학교 예배 사회도 준비되어야 합니다. 예배를 어떻게 인도하느냐에 따라 감동이 있을 수 있습니다. 기도도 마찬가지입니다.

서울 어느 교회학교 예배시간입니다. 어른들이 천명 이상 모이는 교회인데 아동부 예배시간에 교육전도사님이 설교를 말로 설교한다는 것입니다. 요즘시대에 PPT설교 자료도 많이 있는데 말로 설교한다는 것에 충격이었습니다.

작은 교회에서는 얼마든지 말로도 설교하고, PPT설교도 할 수 있지요. 큰 교회에서도 말로 하는 설교를 할 수 있지만 그러나 말보다는 PPT설교를 준비해서 시각적으로 어린이들에게 복음을 전해야 하지 않을까요?

PPT설교 준비를 잘하여 듣는 어린이들이나 교사들이 은혜를 받고 기뻐하는 모습을 볼 때가 있습니다. 어린이 설교의 한 달 동안의 주제가 각주마다 다르고 내용이 부실할 때가 있습니다.

제가 초등학교 때 들었던 설교가 있습니다. 어느 날 어느 장로님께서 설교하셨는데 같은 내용을 가지고 몇 주 지나서 다른 선생님이 설교하신 것을 보았습니다. 그때 당시에는 교사의 벗에 나와 있는 설교 자료를 하였기 때문에 똑 같은 설교를 하신 것이죠. 설교하는 사람은 모르지요. 매주 교회학교에 나와 예배하며 설교를 듣는 것이 아니라 자기가 맡은 시간에 와서 설교하였기 때문입니다.

요즘 어린이들도 교회학교 설교가 잘 준비되어 있는지 그렇지 않은지를 근방 알 수 있습니다. 어린이들은 자기와 상관이 없는 이야기는 바로 반응을 보입니다.

잘 준비된 교회학교 설교는 집중하게 되어 있고, 반응도 잘 보입니다. 교회학교 설교하는 사람들은 은혜롭게 설교하고, 재미있게 설교할 필요가 있습니다. 교회학교 예배와 기도를 교회학교 교사들이 하는 것에서 교회학교 어린이들에게도 기회를 주어야 합니다. 의정부 승리교회는 처음부터 어린이에게 사회를 보고 기도하게 하였습니다.

어린이가 사회를 보고 기도하면서 어린이들이 자신감을 가졌습니다. 발표력도 뛰어난 것을 보게 되었습니다. 헌금위원도 어린이가 했습니다. 예배시간에 어린이들이 참여하는 것이 좋았습니다. 지금도 그렇게 하고 있습니다.

하나님의 말씀은 살아 있고 활력이 있어 좌우에 날선 어떤 검보다도 예리하여 혼과 영과 및 관절과 골수를 찔러 쪼개기까지 하며 또 마음의 생각과 뜻을 판단하나니 히브리서 4장 12절

💙 어린이들과 분반공부 할 시간이 부족해요.어떻게 해야 하나요?

어린이들에게 가장 재미없는 시간을 물어보면 1위가 분반시간이고 2위가 설교시간이라고 대답합니다.

설교시간 설교와 분반공부 내용이 달라서 어린이들이 자신의 삶에 적용하는데 힘들어 집니다. 분반학습 시간에 교회학교 교사가 자신의 말만 하고 말씀을 가르치지 않는데 어떻게 어린이들이 변화가 되겠습니까?

분반공부할 시간이 부족합니다. 교회학교 예배 후에 분반학습할 시간이 30분도 안 될 때가 많습니다. 교회마다 사정이 다르지만 오전 9시에 와서 어린이 예배를 드리고 오전 11시에 어른 주일 낮 예배를 드리기 위해 찬양대 연습하러 가는 교회학교 교사가 있고, 어른 예배를 위해 애찬 준비 하러 가야 하는 분도 있기에 분반학습이 빨리 끝나야 하는 경우가 많습니다.

요즘 부모님들이 교회에 오는 시간에 어린이들도 같이 와서 부모님 예배시간과 동시에 어린이 예배가 드려지는 경우도 많습니다. 이렇게 하려면 교회학교 교사는 주일 낮 예배를 오전 9시에 드려야 합니다. 주일 낮 예배를 드리고 오전 11시에 교회학교 아동부 예배를 드리며 분반학습을 해야 합니다. 분반학습에서 가장 중요한 것 중에 하나가 성경암송입니다.

저는 초등학생 시절에 교회에서 매주마다 요절을 주어서 그것을 암송했습니다. 성경암송 요절을 노트에 한 주에 하나씩 붙이고 성경요절 암송을 하였습니다. 어려서 성경말씀을 암송한 것은 평생 갑니다. 성경암송하는 것만큼 중요한 신앙교육이 없습니다.

요즘 어린이나 학생들이 성경암송을 잘하지 않으려고 하는 것이 문제입니다. 성경암송을 하면 자신감, 집중력, 자제력, 창의력이 생깁니다. 성경암송을 하기 위해 교회학교에서는 연구해야 할 필요가 있습니다.

분반학습이 지식만 전달하는 것이 아니라 촉진자로 삶 속에서 적용해 보도록 약속하는 시간을 가져야 합니다. 분반학습이 지식전달에서 삶의 나눔이 되어야 합니다. 성장지향에서 성숙지향이 되어야 하고, 개인 노력에서 교회 노력으로 확대되어야 합니다.

너는 또 온 백성 가운데서 능력 있는 사람들 곧 하나님을 두려워하며 진실하며 불의한 이익을 미워하는 자를 살펴서 백성 위에 세워 천부장과 백부장과 오십부장과 십부장을 삼아 출애굽기 18장 21절

## 5. 교회학교 전도가 힘들어

💗 요즘에 교회학교 전도가 어려운데 어떻게 해야 하나요?

요즘 교회학교 앞 전도하기가 어렵습니다. 어느 초등학교는 학교 앞에서 전도하는 것을 금지하는 학교도 있습니다. 학교 하교시간이 되면 초등학교 어머니 방범대라고 해서 어린이들 하교 길에 안전 지도와 교통 지도를 합니다. 앞에서 뭔가를 나누어 주고 전도하는 것이 쉽지 않습니다.

이렇게 초등학교 앞 전도하기 힘든 가운데 스포츠 전도로 유명한 예수마음교회 김성기 목사님은 개인전도 3,000명을 하였습니다.

김 목사님은 개인 전도법(인사, 놀고 먹기, 복음제시)을 하고 SISTER 전도법으로 전국 100여 교회 컨설팅하고 교회학교 부흥을 실습을 했습니다. 협력 전도합니다. 축구, 피구대회, 문화 순회 선교단으로 전도하고 있습니다. 김 목사님은 "백명 전도"라는 책을 출판합니다.

은혜캠프 주강사이신 박연훈 목사님은 지난 6년 동안 학교 앞 전도를 실재로 하셨습니다. 최근 6년간 5개 교단<sub>통합, 합동, 고신, 백석, 기감, 예장</sub>의 교회학교 아동부 현장을 경험하였습니다. 7개 교회(새희망교회, 순천주성교회, 수지 남서울비전교회, 부산영락교회, 부산은혜교회, 당진감리교회, 인천예일교회) 교회학교에서 현재의 교회학교의 한계를 보게 하셨고, 교회학교 위기 대안은 무엇일까에 대한 실제적인 사례들이 자연스레 정리되었습니다. 박 목사님은 "교회학교 뉴 패러다임 J-DNA"라는 책을 출판하였습니다.

우리들은 교회학교 전도하기 힘들다고 어렵다고 하는데 어린이 전도를 하고 있는 분이 있다는 것에 놀랐습니다. 우리는 전도를 안 해서 전도가 어려운 것인지, 요즘시대는 전도하기 힘들다는 생각이 앞선 건지 살펴 볼 필요가 있습니다.

제가 2012년 3월 17일부터 주일을 제외하고 매일 전도하였습니다. 저는 전도대상을 구분하지 않습니다. 어린이든, 학생이든, 청년이든, 어른이든 상관하지 않고 전 연령층을 전도대상으로 삼았습니다.

교회학교 어린이들 6명을 전도해서 우리 교회로 데리고 왔습니다. 몇 개월이 지난 후에 6명의 어린이가 옆 교회에도 갔습니다. 우리 교회는 오전 9시에 교회학교 예배를 하고, 옆 교회는 오후 1시에 교회학교 예배를 하였습니다. 그러니 6명의 어린이들은 오전에는 우리 교회에 와서 예배드리고, 오후에는 옆 교회에 가서 예배를 드리는 것입니다.

이 어린이들은 그 교회에서 무엇을 주느냐에 관심이 있는 것입니다. 먹을 것을 무엇을 주느냐, 상품을 무엇을 주느냐에 관심이 있습니다. 제가 교회를 두 개 다닌다는 사실을 알고 옆 교회로 가라고 하였습니다.

이렇게 교회학교 전도를 해 와도 꾸준히 다니지 못하는 것을 봅니다. 정말 교회학교 전도하기가 힘든 시대에 살고 있습니다.

제가 매일 전도하면서 학생들이 교회에 왔습니다. 피자 먹으러 오고, 탁구 치러 오고, 교회에서 게임하기 위해서도 오고, 문화상품권을 받으러도 오고 그랬습니다. 그렇게 교회를 몇 번 오더니 교회에 나오지 않는 것입니다. 아이들은 교회 말고도 놀 곳이 많았습니다.

우리 교회 어린이나 학생부가 오전 9시에 나와 예배를 드려야 하기에 주일에 아침 일찍 교회에 나오는 것을 힘들어 합니다. 토요일 늦게까지 폰 게임하다가 늦게 자고 아침 일찍 일어나는 것이 힘든 것입니다. 그래도 교회 집사님의 자녀들은 그 시간이 되면 교회에 나와 교회학교 예배를 드립니다. 참으로 귀합니다. 초등학교 때 나와서 지금 청년이 된 친구도 있는데 매주 교회에 나오는 것은 아니지만 교회에 소속을 두고 교회에 나오는 청년이 있어 감사합니다.

내가 여호와를 항상 내 앞에 모심이여 그가 나의 오른쪽에 계시므로 내가 흔들리지 아니하리로다 시편 16편 8절

## ❤️ 교회학교 전도하기가 어려운데 심방은 어떻게 해야 하나요?

교회학교에 어린이들이 교회에 오기 위해서는 잠을 이겨야 합니다. 우리 교회 같은 경우는 교회학교 예배가 오전 9시인데 9시 30분에 와서 예배드리고 있습니다. 전에는 예배 전에 컵라면을 주고, 과자 간식을 주고, 겨울에는 오뎅을 주었습니다. 그것을 먹으려고 교회에 오는 어린이나 학생들도 있었습니다. 지금도 예배 전에 간식을 준비하고 있습니다. 요즘에는 주일 오전 9시 30분에 교회에 오기도 힘들어서 예배 후에 간식을 먹는 경우가 있습니다. 음료수도 항상 준비해 놓고 있습니다. 컵라면, 과자, 간식거리, 콜라가 항상 있습니다.

전에는 아이들 집에 가서 아침에 깨워서 교회에 데리고 왔습니다. 요즘은 전화하거나 문자로 내일 교회에 오라고 연락을 취합니다. 교회에 다니는 부모님들은 자녀들을 예배시간 전에 교회에 가게 합니다. 그러나 부모님이 교회에 다니지 않는 아이들은 어떨 때는 교회에 나오고 어떨 때는 교회에 못 나옵니다.

신앙생활을 잘하는 어린이나 학생들이 가정이 지방으로 이사 가는 바람에 교회에 오지 못하는 경우도 있었습니다.

어린이 심방 중에 어린이 생일을 잘 기억해야 합니다. 어린이 생일 때 선물을 준비하여 주게 되면 생일을 맞이한 어린이가 좋아하고, 다른 어린이가 자기 생일 때를 기다리게 됩니다.

어린이의 꿈을 응원을 해 주고 매일 기도해야 합니다. 예수님처럼 건강하고 지혜롭고 사랑스럽게 자라나게 해 달라고 기도해야 합니다. 하나님께서 주신 꿈을 가지고 오늘도 힘차게 살아 갈 수 있도록 교회학교 교사가 기도할 필요가 있습니다.

어린이나 학생들을 만나면 약속을 잘 지켜야 합니다. 가끔 교회학교 교사가 어린이들과 약속을 해 놓고 약속을 지키지 못하고 다음 날짜로 미루면 어린이들에게 신용도가 떨어집니다. 어린이들과 만나 피자를 먹기로 했으면 반드시 약속을 지키고 피자를 먹어야 합니다. 햄버거도 좋고 치킨도 좋아합니다.

교회학교 심방은 전화하는 거나 문자를 합니다. 어린이 생일을 꼭 기억하고 선물하는 것이 좋습니다. 어린이의 꿈을 응원하고 매일 기도해야 합니다. 어린이와의 약속은 반드시 지켜야 합니다.

어느 전도사님의 이야기입니다.

"코로나로 전도를 못하고 있습니다. 목사님 소식 전해주셔서 감사드립니다.
글에서 목사님의 열정과 모습을 본 듯합니다. 그러나 '컵라면. 간식. 과자. 콜라가 항상 있습니다'에서 콜라는 치아를 상하게 하고 위를 상하게 하는 음료수라 부모들이 가장 기피하고 있습니다.
아이들에게는 인기 있지만, 부모로서는 걱정이 되기도 합니다. 탄산이 아닌 건강한 음료로 대체하면 세심한 배려가 돋보일 것입니다."

일주일에 한 번 와서 먹는 간식 좋아하고, 우리 교회 학생들이 사이 다보다 콜라를 선호해서 콜라로 했습니다. 저도 가끔 콜라 먹습니다.

하나님의 약속은 얼마든지 그리스도 안에서 예가 되니 그런즉 그로 말미암 아 우리가 아멘 하여 하나님께 영광을 돌리게 되느니라 고린도후서 1장 20절

## 6. 교회보다 게임이 좋아

💜 청소년들이 교회에 오는 것보다 게임을 더 좋아 하는데 어떻게 해요?

교회를 다니는 학생이나 교회를 다니지 않는 학생이나 핸드폰 게임을 합니다. 게임을 하지 않으면 소통할 수 없습니다. 만나면 무슨 게임을 하느냐? 레벨을 많이 올렸느냐? 하면서 게임 이야기를 합니다.

평상시에도 핸드폰 게임을 하는데 토요일이 되면 새벽까지 핸드폰 게임을 합니다. 새벽 3시까지 게임하는 학생들이 아침 9시까지 교회에 와서 예배드린다는 것은 참으로 힘든 일입니다. 그 시간에 와서 교회학교 예배드리고 있는 학생들이 대단한 것입니다. 게임이 나쁜 것은 아닙니다. 게임은 학생들이 서로 소통하는 놀이입니다.

경기도 어느 교회는 교회에다 PC방을 차려 게임기 여러 대와 다양한 게임기를 교회에 두었습니다. 이 교회는 노래방 기계도 갖다 놓았습니다. 간단한 음식을 먹을 수 있는 카페도 만들었습니다. 책을 볼 수 있는 공간도 있습니다. 인터넷 와이파이도 설치하여 누구나 와서 사용할 수 있게 했습니다.

이 교회는 평상시에도 학생들이나 어린이들이 교회에 옵니다. 교회에 게임하러 옵니다. 학생들이 와서 게임을 하고 친구들과 소통하고 있습니다. 학생들이 교회에 오면 놀 거리가 있고, 먹을 것이 있고, 이야기할 친구들이 있습니다.

이 교회는 담임목사님과 간사님이 청소년을 위해 다양한 프로그램을 진행합니다. 학생들이 겨울에 연탄 나르기를 하고 교회에서는 전 성도들이 모여 조별로 행사를 진행하는데 적극적으로 참여합니다.

수련회를 하더라도 재미있게 합니다. 조별로 수련회 장소에 오는 팀미션을 한다든지, 조별로 식사를 해 먹는다든지 다양하게 합니다. 해외로 수련회에 간 적도 있습니다. 청소년들이 교회에 오도록 하는 것입니다. 청소년들이 교회에 와서 행복하게 해 주는 것입니다.

이 교회는
어른 예배 오전 10시 30분
청소년 예배 정오 12시
어린이 예배가 오후 2시입니다.

먼저 어른들이 모여 예배드리고 점심식사를 준비하고 청소년들이 오전 12시에 와서 예배드립니다.

우리 교회는 오전 9시인데 이 교회는 오전 12시입니다. 그러니 학생들이 더 많이 올 수 있고 친구들이 있어 더 좋습니다. 오후 2시에는 어린이 예배인데 영어예배로 드립니다. 어린이들이 즐겁게 찬양하고 말씀을 듣습니다.

게임을 나쁘게만 보지 말고 게임을 이용하여 청소년들이 교회에 오게 한다는 것은 귀한 일입니다.

교회에 와서 예배를 드리다가 삶의 변화를 가져옵니다. 물론 청소년들이라 사고 칠 때도 있지만 그 교회 담임목사님은 청소년들을 진심하고 사랑하고 친구가 되어 줍니다. 마음고생은 많이 합니다.

이 교회에 중학교에 들어와서 청년이 된 친구가 있는데 올해에 신학대학교에 입학했습니다. 이 교회 담임목사님처럼 되겠다고 신학대학교에 입학했습니다. 게임 때문에 사역자가 된다는 것은 귀하고 보람이 있습니다.

게임보다 교회가 좋아요.
교회에 오면 마음이 편하고 즐겁습니다.
교회에 왔더니 꿈이 생겼습니다.
교회에 왔더니 부모님의 수고가 보입니다.
교회에 오기를 너무나도 잘 했어요.

이런 고백을 교회에서 들을 수 있어야 합니다.

시몬 베드로가 대답하여 이르되 주는 그리스도시오 살아계신 하나님의 아들이시니이다 마태복음 16장 16절

❤ "공부해야 하기에 교회에 못가요." 이렇게 말하는 학생에게 어떻게 해야 하나요?

학생이 공부하는 것은 당연합니다. 공부하는 것 때문에 교회에 갈 수 없습니다. 공부하는 것 때문에 교회 장로님, 권사님의 자녀들이 교회에 못 간다고 합니다.

우리 교회 고3 학생이 말합니다.

"목사님, 교회 1층 카페에서 공부(과외)해도 돼요?"

어느 날, 전화가 왔습니다. 우리 교회 학생 한 명과 친구 3명이 국어 과외를 하는데 공부할 장소로 교회 1층 카페를 요청하였습니다. 이 학생은 첫 주례한 집사님의 아들입니다. 3명의 친구는 교회에 다니지 않는 친구들이었습니다. 우리 교회 학생이 공부한다고 하니 카페에서 공부해도 된다고 하였습니다. 과외는 토요일이었습니다.

나는 카페를 내놓아 주려면 주일 준비를 미리 해야 합니다. 매일 전도하는 것도 부지런히 해야 하고 교회 주보도 미리 다 준비해야 합니다. 아내는 1층 카페에서 애찬 준비를 해야 하는데 그것도 공부하는 시간에 할 수 없기에 미리 준비하여야 합니다.

우리들이 약간의 희생을 통해 학생들은 교회 카페에서 공부할 수 있게 되었습니다. 덕분에 우리 교회 학생은 자기가 원하는 대학에 입학하게 되었습니다. 그것도 3차까지 가서 합격의 소식을 들었기에 감사하였습니다. 이 학생은 고3이지만 매주일 교회에 나와서 주일 예배를 드렸습니다. 목사님이 교회 카페 1층을 내주며 공부할 수 있도록 해 주어서 인지, 정말 열심히 교회에 나와 주일 예배를 드렸습니다. 청년이 되어서도 교회에 열심히 나와 예배드립니다. 교회 집사님의 아들이라 교회에 나오는데 부모님인 엄마가 교회에 가도록 격려하기 때문에 더 잘 나오고 있습니다.

또 다른 고3 학생이 있습니다. 이 친구는 중학교 때부터 검도를 시작하였습니다. 검도하느라 돈이 많이 들어갔습니다. 검도장에서 대회를 나가면 교회에 오지 못합니다. 그래도 시간 나는 대로 교회에 와서 교회학교 예배를 드렸습니다. 이제 고등학교를 졸업하고 검도 사범이 되어 월급을 받아가며 검도 사범을 하고 있습니다.

청소년들에게 필요한 것은 방향입니다. 속도보다 방향이 중요합니다. 청소년 시기에 내가 무엇을 해야 할지를 분명히 방향을 잡고 가는 것은 중요한 일입니다.

청소년들에게 그저 공부하라는 말보다 왜 공부해야 하는지를 알려 줄 필요가 있습니다. 공부해서 남을 주어야 합니다. 내가 알고 있는 지식과 실력을 남에게도 유익하게 사용하도록 칭찬하고 격려하면서 보다 더 잘 할 수 있도록 도와주는 것입니다.

이와 같이 성령도 우리의 연약함을 도우시나니 우리는 마땅히 기도할 바를 알지 못하나 오직 성령이 말할 수 없는 탄식으로 우리를 위하여 친히 간구하시느니라 로마서 8장 26절

# 7. 사회가 교회를 싫어해

💗 국가나 사회가 교회를 싫어합니다. 교회가 세상에 손가락질을 당하고 멸시받습니다. 어떻게 해야 교회에 대한 좋은 이미지가 될 수 있을까요?

어느 날 길을 걸어가고 있는데 어떤 교회에서 두 사람이 전도하고 있었습니다. 어떤 여자 어르신이 전도하는 사람에게 "나는 예수님을 믿는 사람이 하나도 안 부러워"라고 하시며 "교회에 다니는 사람들이 교회에서 코로나19를 퍼뜨리고 다니면 되냐?"라고 하였습니다.
　세상 사람들은 신천지인지 교회인지 다 같은 교회라고 생각하기에 교회가 코로나19를 퍼뜨리는 것으로 알고 있습니다.

코로나19가 잠잠할 것 같은데 용인에 있는 확진자가 이태원 클럽에 다녀와서 코로나19가 전국으로 퍼지는 사건이 일어났습니다. 코로나19가 잠잠해서 온라인으로 예배를 드리다가 교회에 와서 오프라인으로 예배드릴 것을 기대했는데 지금도 여전히 예배드리기가 힘듭니다.

한국 교회의 큰 교회가 사회에 큰 사건을 터뜨리면 작은 교회는 더 힘들어집니다. 큰 교회에는 이 사람이 빠지면 다른 사람이 채워 가면 되지만, 작은 교회는 채울만한 사람이 없습니다.

기독교가 처음에는 세상 사람들에게 좋은 영향을 주었습니다. 가난한 사람을 돕고 사회를 위해 봉사도 하고 기독교인이 모든 일에 모범이 되어 역시 예수님을 믿는 사람은 뭔가 달라도 다르다며 칭찬 받았습니다.

그런데 요즘 기독교인들은 세상 사람들에게 손가락질을 받고 있습니다. 정직하지 못하고 거짓말하고 도덕적으로 부패하고 본을 받을 만한 것을 하지 못하고 비난받는 일을 할 때가 있습니다. 교회 다니는 것이 부끄러울 정도로 세상 사람들에게 "너나 잘하세요?"라는 소리를 듣게 됩니다.

교회를 열심히 다니는 사람들이 가정을 돌보지 않고 자녀들을 돌보지도 않으며 교회에는 열심히 참석하여 예배하고 기도하는 것이 본이 되겠습니까?

이 시대에 하나님의 자녀라는 사람들이 하나님의 자녀답게 생활해야 합니다. 모이는 교회에서 흩어지는 교회로 세상의 빛이 되어야 합니다. 예수님을 믿는 사람들이 세상의 범죄 하는 일에 나타나게 되면 그 다음날에 전도하기가 어렵습니다.

교회가 이 땅의 소망이 되어야 합니다. 교회가 이 땅의 소망으로 살아야지, 교회가 이 땅의 짐이 되어서는 안 됩니다.

　예수님께서 너희는 세상의 빛이라고 말씀하신 것처럼 빛으로 어둠을 이겨 나가야 합니다.

예수께서 또 말씀하여 이르시되 나는 세상의 빛이니 나를 따르는 자는 어둠에 다니지 아니하고 생명의 빛을 얻으리라 요한복음 8장 12절

💕 청년들이 교회를 떠나는 이유가 무엇이 있나요?

　미국의 신앙잡지인 '믿음의 경험'에서 미국 한 지역의 10대들을 대상으로 교회를 떠나는 이유에 대해서 물었습니다. 크게 5가지 이유가 있었습니다.

　1. 교회에서 하나님을 만날 수 없습니다. 재밌고 유익한 프로그램들이 아무리 많아도 본질이 없으면 소용없습니다.

　2. 부모님이 교회생활을 소홀히 하기 때문입니다. 교회보다도 더 중요한 것이 많다고 가르치고 생활하는 것은 큰 문제입니다.

　3. 굳이 교회가 아니더라도 친구들을 만날 수 있습니다. 네트워크 역할을 하던 교회의 역할은 인터넷과 스마트폰이 대체했습니다.

　4. 교인과 일반인의 차이를 잘 모르겠습니다. 교회가 더 이상 사람들의 삶을 변화시키지 못하고 있습니다.

5. 요즘 십대들을 제대로 이해하지 못하고 있습니다. 이해하는 척 하는 것과 실제로 이해하는 것은 분명 다릅니다.

교회에 더 많은 십대들이 오게 하는 것도 중요하지만 가장 중요한 본질을 놓치면 결국 영혼을 얻지 못합니다. 이 땅의 십대들을 위해 고민하고 또 기도해 주십시오. 반드시 주님께서 좋은 것으로 채워주십니다.

💗 청년이 교회를 빠져 나가는 원인은 무엇일까?

20대 초반의 한 대학생은 "새벽기도를 비롯해 각종 예배와 봉사를 강요하는 분위기가 싫어서 교회에 가기 싫은 때가 있었다."고 말했습니다.

"똑같은 설교, 특히 기복적인 설교가 싫다"는 말 속에는 담임 목사님이나 담당 교역자님의 불성실한 설교가 청년의 귀를 막는다는 사실을 여과 없이 보여주고 있습니다.

대학을 졸업해도 절반이 백수인 이때, 학업과 진로준비 때문에 교회를 이탈하기도 하며, 교회의 어색한 분위기가 청년의 발목을 잡기도 했습니다. 대형 교회의 경우 너무도 가벼운 관계성이 문제가 됐습니다.

청년사역자의 잦은 교체와 무조건적인 믿음 강조, 시대착오적 전도방법도 청년의 이탈을 부추기는 원인이 됩니다.

10여 년 전 '청년목회'가 한국 교회의 시대적 아이콘으로 떠오르던 시대가 있었습니다. 그래서 여기저기에서 연합단체가 결성되고 연구물이 나왔습니다. 소위 청년목회를 한다는 교회는 건강한 교회로 지목돼 상한가를 달렸습니다. 그러나 10년이 지난 오늘, 대부분 교회에서 청년목회는 실패했습니다. 왜 그럴까요? 우리는 원인을 이미 알고 있습니다. 단지 문제는 바꾸지 않으려는 우리의 고집 때문입니다.

너는 청년의 때에 너의 창조주를 기억하라 곧 곤고한 날이 이르기 전에 나는 아무 낙이 없다고 할 해들이 가깝기 전에 전도서 12장 1절

# 교회학교가
# 부흥했던 적도
# 있다

# 1. 선물을 주지 않고 말씀을 주었다

💜 교회학교가 부흥하는 모델이 있는가요?

부산 서부교회 교회학교는 교회학교 부흥의 최초 모델 교회입니다. 부산 서부교회학교는 1981년 12월 25일에 재적 32,000명, 출석 13,000명까지 올라간 기록을 세우고 있습니다. 서부 교회학교는 장년부와 같이 운영하는데도 교회학교가 부흥했습니다. 서부교회학교 운영은 주경 설교로 장로교 신조를 골자로 한 장년반과 꼭 같은 설교, 꼭 같은 찬송과 예배순서를 가지고 있으며 이는 하나님 중심으로 하나님이 기뻐하시는 그 뜻을 위주로 하지, 어린이들이 기뻐하는 아동심리 위주로 하지 않았습니다.

서부교회가 세계 제일의 어린이 교회로 성장한 데는 백영희 목사님의 의도적인 교회 운영과 뒷받침이 있었던 것을 엿볼 수 있습니다. 교회의 행정, 사무, 설교, 인적 구성까지 교회학교를 중심으로 하고 있습니다.

서부 교회학교의 특징은 하나님 중심으로 하나님이 기뻐하시는 예배를 드렸습니다. 어린이들이 기뻐하는 아동심리 위주로 하지 않았습니다. 동화, 영화, 연극, 미술, 오락, 율동 등 있다고 말은 하였습니다.

장년부와 꼭 같은 예배 의식으로 찬송은 장년반에서 사용하는 찬송가를 사용하고, 설교는 전 주일 목사님이 장년반에 설교하신 말씀을 간단명료하게 간추린 것을 인쇄하여 나누어 주는 것이 이번 주일 공과가 됩니다.

반사들의 공과 준비는 전 주일 오전 오후 예배 때에 된 셈이고 어린이들은 부장 통반 공부와 반사 분반공부와 또 문답까지 합하면 같은 내용을 3번 공부하는 셈이 되고 한 공과를 3주 또는 4주 계속 가르칩니다.

반 편성은 사회의 초등학교 학년을 기준으로 편성치 않고 각 반사가 전도로 인도한 어린이를 그 반사에게 소속시켜 양육하도록 편성되고 있습니다. 반당 어린이 수가 많을 때는 기회를 보아 보조 반사에게 분반시켜 그 반이 독립할 수 있을 때까지는 분반시킨 모반사가 잘 관리하여 성장시킵니다.

반사 양성은 주일 오전 오후 예배 참석, 삼일 오일 예배 참석, 새벽 기도회 참석 등으로 하고 주일 밤, 삼일 밤, 오일 밤 예배당에서 혹은 산에서 기도하고 철야하는 분들도 있습니다. 매일 밤 7시~10시까지 교회에 와서 자유롭게 기도합니다. 이 외에 모임은 전혀 없고 남녀 반사는 분리되어 있습니다.

반사 대접은 부장으로부터 반사 전부에게 전혀 무보수이고 기념품이나 연회 등은 전혀 없습니다.

각 반사들의 직무 방편은 자신에게 회개와 소망과 믿음에 불이 있어야 하고, 자신 어린이의 명단을 수첩에 적어 어디서나 매일 한 번 이상 어린이를 생각하면서 열람 기도합니다. 반사 자기 형편보다 어린이 형편에 따라 심방하려고 노력합니다. 토요일 오후에는 반드시 2시간~4시간 정도로 심방을 하여야 하고, 주일날은 새벽 6시 30분부터 심방을 출발합니다. 처음에는 부모님들이 반대하나 차차 겪어 보고 반사에게 맡기기를 원하고, 또 부탁하고, 자녀들에게도 선생님 말씀 잘 들으라고 권해 줍니다. 오고 가는 데는 책임지고 안보하고, 어린이들을 집까지 데려가 부모님에게 인계를 하고 끝냅니다.

어린이들에게 일체 선물을 주지 않았습니다. 다른 교회처럼 노트나 크레용도 주지 않았습니다. 크리스마스 때 사탕 한 알씩 주는 것이 유일한 선물인 셈입니다.

어린이들은 학년별로 구분하지 않고 코 흘리게부터 초등학교 6학년 어린이까지 한 반에 통합시켜 주고 있습니다.

서부교회는 교회학교 예배도 하나의 성경공부 시간이나 교회 부속 특별 프로그램같이 생각되기 싫습니다.

어떤 바쁜 일, 급한 일이 있어도 주일 예배만큼은 반드시 드려야 합니다. 서부교회의 교회학교는 예배시간에 율동, 오락, 동화식 성경 이야기 등의 방법을 일제 배제 합니다. 서부교회의 교회학교는 주일 오전 8시 30분, 주일 오후 5시, 수요일 오후 5시 세 번 모입니다. 믿는 집 어린이들이면 새벽 기도를 하도록 하였습니다.

서부 교회학교의 부흥 비결은 인간의 젖 대신 말씀이 주장하는 어린이가 되게 하라는 것입니다. 선물로 기른 어린이보다 말씀으로 기른 어린이가 되기를 원했습니다. 하나님의 말씀은 상이나 선물보다 결과가 좋다는 것입니다.

주의 말씀은 내 발에 등이요 내 길에 빛이니이다 시편 119편 105절

💕 유대인 3,500년 동안 수많은 핍박과 학살을 당하면서도 그들만의 종교, 문화, 사상, 교육이 하나의 변질됨이 없이 그대로 계승할 수 있었던 비결 및 전략이 무엇인가요?

그것은 바로 테필린Tefillin입니다. 유대인을 유대인답게 만든 것은 테필린입니다. 테필린은 양피지에 쓴 성구 두루마리를 넣은 작은 검은 가죽 박스입니다. 가로 세로 높이가 3~5cm 상자 모양으로 네 칸의 방이 이루어져 있습니다.

테필린의 첫째 방은 구원의 말씀(출애굽기 13장 1-10절)입니다.
애굽의 노예생활에서 해방된 것을 잊지 말라는 내용입니다. 테필린 제1의 말씀은 하나님의 백성에 대한 구원이 중심이 됩니다. 테필린의 첫째 방에 구원의 말씀이 들어 있는 것은 하나님이 이스라엘 백성을 애굽의 압제에서 구원하는 일이 제일 우선되기 때문입니다. 따

라서 테필린의 첫째 방의 주제는 이스라엘 백성을 구원하는 내용으로 시작합니다.

유대인들은 매일 이 말씀을 세 번씩 선포합니다. 이 말씀에서 가장 중요한 말씀은 "인도하여"라는 말씀입니다. 유대인들은 히브리어의 '인도한다'라는 단어를 피가 흘러가는 구속 동사라고 부릅니다. 구속 동사는 성경 전체에서도 가장 중요한 동사에 해당됩니다. 사람을 살리는 동사이기 때문입니다. 성경에서 구속 동사의 특징은 모두 예수 그리스도의 피와 관련이 있습니다. 구원자는 오직 예수 그리스도이기 때문입니다.

테필린의 둘째 방은 헌신의 말씀(출애굽기 13장 11-16절)입니다.
테필린의 둘째 방의 주제는 구원받은 하나님의 백성들이 하나님께 헌신하신 장자 헌신의 말씀이 들어갑니다. 구원받은 하나님의 백성 중에 처음 난 것은 하나님의 소유가 된다는 사실을 선언하신 것입니다. 하나님은 이스라엘 백성의 첫 번째 아들은 조건 없이 하나님의 소유로 삼으셨습니다. 이때부터 이스라엘 백성들은 장자를 하나님께 드리는 헌신을 하게 됩니다.

우리가 하나님께 헌신한다는 것은 우리가 우리의 몸이 하나님의 소유임을 인정하고 하나님께 헌신하는 삶을 사는 것입니다. 무작정 헌신하는 것이 아니라 하나님이 기뻐하는 헌신을 드려야 합니다. 우리는 하나님이 기뻐하시는 거룩한 산제사를 드리는 삶을 살아야 합니다.

테필린의 셋째 방은 신앙계승의 말씀(신명기 6장 4-9절)입니다.

하나님은 한 분이라는 사실을 선포하고 그 하나님을 사랑하고 신앙을 계승하라고 말씀하십니다. 마음을 다하고 뜻을 다하고 힘을 다하여 하나님을 사랑하는 방법은 하나님의 말씀을 마음에 새기고 그 말씀을 자녀들에게 부지런히 가르치고 강론하여 계승하라는 것입니다.

하나님의 말씀을 마음에 새기는 것이 선포입니다. 이 말씀에는 손과 이마에 뿐만 아니라 집의 문설주와 각 방의 문설주에도 성구함을 두도록 하고 있습니다.

십일조를 드리고 안식일을 지키는 것도 중요하지만 하나님의 말씀을 귀하게 여기고 그 말씀에 순종하는 삶이 하나님을 사랑하는 최고의 사랑입니다.

신앙계승은 전도, 선교입니다. 우리는 예수님의 지상 대 명령에 순종해야 합니다. 신앙계승은 자녀교육입니다. 자녀교육은 부모의 신앙을 전수하는 것입니다. 젊은이들이 교회를 등지고 세상을 향해 나아가고 있는 것을 방지할 수 있습니다.

테필린의 넷째 방은 축복의 말씀(신명기 11장 13-21절)입니다.

테필린의 네 번째 방에는 축복의 말씀이 들어 있습니다. 토라의 말씀을 준행하면 복을 받고 거역하면 화를 당하게 된다는 하나님의 경고의 말씀입니다.

지금도 유대인들은 테필린의 말씀대로 살고 순종하면 반드시 축복이 따라온다고 믿고 있습니다. 정말 그들이 하나님의 말씀에 순종할 때 수천 년 동안 그들은 하나님의 축복을 받아 왔습니다. 유대인들의 축복은 역사 속에서 증명되었습니다. 지금도 유대인들은 세계 모든 사람들의 중심에 서서 축복을 명하고 있습니다.

이스라엘아 들으라 우리 하나님 여호와는 오직 유일한 여호와이시니

신명기 6장 4절

## 2. 어린이 중심 목회와 어린이 제자화 했다

💙 어린이 중심으로 목회하고 어린이 제자화한 교회가 있나요?

네, 서울 꽃동산 교회가 있습니다. 1986년에 시작한 꽃동산 교회의 출석 성도가 6,000여 명이었고 이 중 교회학교 학생이 3,000여 명이었습니다. 성도 절반 이상을 교회학교 학생들이 차지하고 있습니다. 더욱 놀라운 것은 어린이 전도와 부흥이 곧 부모들을 교회로 이끄는 계기가 되었다는 사실입니다. 출석 장년 성도의 42%가 자녀를 통해 교회에 출석하게 되었다는 통계가 이를 뒷받침하고 있습니다.

꽃동산 교회의 교회학교의 성장 비결은 어린이 중심의 목회를 시작했다는 것입니다.

1988년 상계동으로 이사하여 교회를 시작할 때 어린이 중심의 목회를 시작했습니다. 교회를 개척하고 제일 먼저 시작한 것이 어린이 전도였습니다. 교역자부터 현장에 투입해서 전도했습니다. 매주 토요일을 "어린이 전도의 날"로 정해서 교구 전도사와 교사들이 연합해서 학교가 끝나는 시간대인 11시 30분부터 1시까지 학교 앞 전도를 실시하고 2시부터 4시까지는 각 아파트나 놀이터, 공원에서 전도를 하였습니다.

꽃동산 교회는 전도한 어린이는 교회가 끝까지 책임을 다해 주었습니다. 사랑방 전도를 했고, 현직 학교 교사와 연계했고, 무디식 교사를 확보를 했고, 길거리 전도와 홍보를 했고, 과감하게 크리스천 연예인을 초청하기도 했습니다.

꽃동산 교회는 일단 어린이 중심의 전도와 각종 이벤트, 여름과 겨울 방학을 이용한 어린이 캠프 등을 통해 교회에 모으고 그다음 어린이들을 교회로 정착시키는 전략을 이용하였습니다.

일단 교회를 찾아온 어린이들은 훈련된 교사들의 헌신적인 사역과 심방으로 교회에 정착하게 만들었습니다. 일명 '뒷문 봉쇄 작전'으로 불리는 토요일, 주일의 전화 심방과 가정 방문을 통해 얻은 어린이들의 실태를 낱낱이 담임목사님께 보고하며, 예배가 끝나고도 함께 대화하는 시간도 자주 갖습니다. 어린이에 대한 사랑과 관심이 교회학교 성장의 첫 번째 비결입니다.

잘 훈련된 어린이들은 어른들을 전도할 수 있기 때문에 교사들은 어린이들의 제자 훈련에 많은 시간을 할애합니다. 훈련된 어린이들은 다시 다른 어린이와 부모를 전도하게 됩니다.

예배와 모든 행사를 어린이 중심으로 바꾼 것도 성장 요인입니다.

예배의 설교를 제외한 사회, 기도, 안내, 헌금 담당자를 모두 어린 이들에게 맡긴 것이 그 대표적 실례입니다. '보여 주는 교육'에서 '해 볼 수 있는 교육'으로 전환 한 것이 철새처럼 옮겨 다니는 어린이들 을 교회에 머물게 한 비결입니다. 도박하듯 하나님의 일을 하지 않아 야 합니다.

어찌됐든 "뜻이 있는 곳에 길이 있다"고 하나님 뜻에 맞는 소망 을 가지면 하나님께서 반드시 길을 열어 주시고 동역자도 붙여 주십 니다. 그렇다고 해서 무턱대고 '하나님께서 알아서 해 주시겠거니'하 는 마음으로 일부터 저지르라는 말은 아닙니다. 목회할 때는 더욱 그 러합니다. 교회를 시작할 때에도 단 두세 사람이라도 오랜 시간을 통 해 비전을 함께 나누고 뜻을 같이 할 수 있는 동역자를 먼저 찾은 다 음 개척을 한다면 개척의 짐이 훨씬 덜어집니다. 사역 현장에서도 힘 이 납니다. 그다음에는 동역자들 모두가 교만에 빠지지 않고 한결같 이 낮은 자세로, 섬기는 자세로 교회를 섬기도록 이끄는 것이 목회자 의 몫이고 기도의 몫입니다.

또 누구든지 제자의 이름으로 이 작은 자 중에 하나에게 냉수 한 그릇이 라도 주는 자는 내가 진실로 너희에게 이르노니 그 사람이 결단코 상을 잃지 아니하리라 하시니라 마태복음 10장 42절

💗 어린이들을 어떻게 제자 훈련을 시키는 것이 좋을까요?

하나님, 예수님, 성령님, 교회를 가르치면 좋겠습니다.

## I. 하나님은 누구신가요?

모든 것을 알고 계신 하나님입니다.(시편 147편 5절)

---

전능하신 하나님입니다.(예레미야 32장 27절)

---

어디에나 계신 하나님입니다.(예레미야 23장 23-24절)

---

변하지 않으신 하나님입니다.(시편 90편 2절)

---

\* 하나님을 어떻게 표현하나요?

하나님은 영이십니다.(요한복음 4장 23절)

---

하나님의 얼굴을 보지 못합니다.(출애굽기 33장 20절)

---

하나님은 말씀하십니다.(마태복음 4장 4절)

---

하나님은 우리의 기도를 들으십니다.(느헤미야 1장 6절)

---

✳ 하나님과 나의 관계는?

나는 하나님의 자녀입니다. (로마서 8장 15-17절)

---

나는 하나님이 거하시는 성전입니다. (고린도서 3장 16절)

---

## II. 예수님은 누구신가요?

**＊** 예수님은 언제부터 계셨나요?

예수님은 태초부터 계셨습니다.(요한복음 1장 1-2절)

---

예수님이 여자의 후손으로 오셨습니다.(창세기 3장 15절)

---

**＊** 예수님은 누구신가요?

예수님은 생명의 떡입니다.(요한복음 6장 35절)

---

예수님은 생명의 빛입니다.(요한복음 8장 12절)

---

예수님은 양의 문입니다.(요한복음 10장 7절)

---

예수님은 선한 목자이십니다. (요한복음 10장 14절)

예수님은 부활이요 생명입니다. (요한복음 11장 25절)

예수님은 길이요 진리요 생명입니다. (요한복음 14장 6절)

예수님은 참 포도나무입니다. (요한복음 15장 1절)

＊ 예수님과 나의 관계는?

나는 예수님을 믿으므로 구원받았습니다. (요한복음 3장 16절)

나는 예수님을 믿고 하나님의 자녀가 되었습니다. (요한복음 1장 12절)

## III. 성령님은 누구신가요?

\* 성령님은?

진리의 영입니다. (요한복음 14장 16-17절)

---

우리가 회개하여 성령의 선물을 받습니다. (사도행전 1장 38절)

---

우리의 연약함을 도와주십니다. (로마서 8장 26절)

---

\* 성령의 은사는 무엇이 있나요? (고린도전서 12장 8-11절)

지혜의 말씀, 지식의 말씀, 믿음을

---

병 고치는 은사를, 능력 행함을, 예언함을

---

영들 분별함을, 각종 방언 말함을, 방언들 통역함을

＊ 성령의 열매는 무엇이 있나요? (갈라디아서 5장 22-23절)

＊ 성령님이 우리와 함께 함을 느끼려면?

목말라야 합니다.(요한복음 7장 37-38절)

구해야 합니다.(누가복음 11장 13절)

## IV. 교회는 뭐하는 곳인가요?

교회는 예수님께서 세우셨습니다.(마태복음 16장 18절)

교회는 예배하는 집입니다.(로마서 12장 1절)

_____

교회는 기도하는 집입니다.(마태복음 21장 13절)

_____

기도란 하나님과 대화하는 것입니다.

하나님 아버지!
감사합니다.
용서해 주세요.
도와주세요.
예수님의 이름으로 기도드립니다. 아멘

교회는 봉사하는 집입니다.(베드로전서 4장 11절)

_____

교회는 친교하는 집입니다.(사도행전 2장 46절)

_____

교회는 전도하는 집입니다.(사도행전 2장 47절)

---

✻ 내가 교회를 잘 다니려면 어떻게 해야 하나요?

예배드리는 일을 최우선으로 합니다. (요한복음 4장 24절)

---

찬양하고 기도하는 일에 힘씁니다. (누가복음 22장 44절)

---

전도합니다. (사도행전 1장 8절)

---

성경말씀을 매일 꾸준히 읽습니다. (디모데후서 3장 16절)

---

너희가 성경에서 영생을 얻는 줄 생각하고 성경을 연구하거니와 이 성경
이 곧 내게 대하여 증언하는 것이니라 요한복음 5장 39절

## 3. 먼저 동역자를 구했고 모든 프로그램을 어린이와 접목했다

💜 교회학교에서 동역자가 중요한가요? 프로그램은 어떤가요?

꽃동산 교회학교는 어린이 중심으로 하면서 어린이들의 제자화를 시키면서 예배와 모든 행사를 어린이 중심으로 했습니다.

꽃동산 교회학교는 먼저 동역자를 구하였습니다. 어린이 교육 선교회를 조직하여 간사들과 함께 먹고 자며 희로애락을 나누었습니다. 교회마다 시청각 자료를 요청하는 교회들이 늘어났고 아주 저렴하게 자료들을 이용하도록 최선을 다해 도왔습니다. 소중한 동역자가 있다는 것은 행복이고 사역을 더욱 기쁘게 할 수 있습니다.

교회에서 물질보다 사람이 더 귀하다는 것을 느낍니다. 예배하고 분반학습하고 전도하려고 해도 혼자 하는 것보다 둘이 하는 것이 훨씬 좋습니다. 함께 동역하는 사람들이 필요합니다. 동역자들을 만나기 위해 동역자를 찾아야 합니다. 일을 나누어서 하는 것이 좋습니다.

꽃동산 교회에서는 모든 프로그램을 어린이들과 연계시킴으로써 교회학교의 이점을 최대한 활용하고 있습니다. 비단 총동원 전도 주일 행사만이 아니라 모든 교회에서 하는 태신자 운동, 복음 축제 등에서도 어린이들의 참여를 유도하고 있고, 더 나아가 어린이들이 연결고리가 되어 주도적으로 어른 전도를 할 수 있는 프로그램들을 적극적으로 개발해 나갔습니다.

어린이는 어른들과 함께 어른 예배를 드리는 걸 무척 좋아합니다. 어린이 주일에 어린이가 어른 예배를 드립니다. 어린이 주일 전에 교회학교 모든 어린이들에게 미리 "어린이 주일은 연합예배입니다. 꼭 엄마, 아빠 손을 붙잡고 나오세요."라고 당부의 말을 합니다. 그 주간을 앞두고 부모님 구원에 대한 교육도 더 강도 있게 합니다.

총동원 전도주일이 아니더라도 어린이 주일에 드리는 연합예배를 통해 자연스럽게 부모님을 교회로 이끕니다.

많은 부모님들은 정작 자신은 교회에 다니지 않아도 애들이 좋다고만 하면 자녀들이 교회 다니는 걸 억지로 막는다거나 하지는 않습니다. 발표력 하나를 배우더라도 교회가 좀 더 낫고, 착하게 자라는 데도 도움이 된다고 생각합니다.

21세기의 예배개발을 위한 프로그램은 경배와 찬양의 예배, 헌신의 예배, 드라마 예배, 영상매체를 이용한 예배, 종합적인 예배가 다양하면서 어린이들이 산 예배, 영적인 예배를 드리므로 예배 속에서 하나님을 만나도록 하여야 할 것입니다. 어린이들이 교회 오는 것에 대한 기대와 소망이 있게 하여야 합니다. 예배가 살아날 때 개인 심령이 살아나고 교회학교가 성장하게 됩니다.

교육 프로그램은 달란트 시장, 애국 애족을 위한 증언, 간증 듣기, 공동작품, 부흥회, 간담회(직장인이나 신앙 선배 초청), 애찬식, 고아원 방문, 전도대회, 기도회, 가족찬양의 밤, 교환예배, 예배 교육, 예절 교육, 생일잔치, 성경암송, 성경퀴즈, 성경 빨리 찾기, 친구초대의 날, 작은 발표회, 미니올림픽, 일일 부모교사, 학부모 초청 간담회, 영어공부, 등산대회, 맛 자랑, 순교지 성지순례, 공동체 여행 등등이 있습니다.

> 형제들아 너희 가운데서 성령과 지혜가 충만하여 칭찬받는 사람 일곱을 택하라 우리가 이 일을 그들에게 맡기고 사도행전 6장 3절

### 🖤 교회학교에서 어떤 프로그램을 좋아 하나요?

어린이들이 좋아하는 프로그램은 인형극입니다. 요즘 영상으로 PPT로 설교하고 찬양하지만 인형극은 보고 듣고 말하는 좋은 프로그램입니다. 인형극 전문가 와서 인형무대와 성대모사를 다양하게 하여 어린이들과 함께 하는 것이 좋습니다.

의정부 승리교회는 인형극 전문가를 모시지 않고 교회학교 교사와 중고등부 학생들이 인형을 조작하고 인형극 대본을 읽으면서 인형극을 하는데 반응이 좋습니다.

인형극은 영상시대에 살고 있는 어린이들에게 동화시대로 갈 수 있고, 인형극을 통해 오는 재미와 즐거움과 기쁨이 있습니다.

어린이들이 좋아하는 프로그램 중에 미니 올림픽이 있습니다. 미니 올림픽은 농구, 볼링, 축구, 역도, 표적 맞추기, 고리 넣기, 활쏘기, 주사위 던지기 등 다양한 코스를 돌아다니면서 하는 게임인데 어린이들이 좋아합니다.

교회에서 하는 프로그램은 경쟁하는 프로그램은 피하는 것이 좋습니다. 경쟁하는 프로그램은 어린이끼리 싸움이 일어나는 경우가 있습니다.

조별로 움직이면서 미니 올림픽을 하면 질서도 잡고 공동체적인 느낌도 있습니다. 미니올림픽하면서 마무리를 아이스크림으로 해서 시원함을 더 할 때가 있습니다.

어린이들이 좋아하는 프로그램 중에 음식 만들기가 있습니다. 음식 만들기는 수박화채, 샌드위치, 김밥, 떡볶이 등 다양한 음식을 직접 해 먹는 프로그램인데 어린이들이 좋아합니다. 어린이들은 남이 해 주는 음식을 먹었지만 자기가 직접 음식을 만들어 나누어 먹는 재미가 있습니다. 음식 만들기는 만드는 재미가 있고, 먹는 재미도 있습니다.

청소년은 볼링장에 가는 것입니다. 의정부 승리교회는 학생들이 많지 않습니다. 그래도 이 학생들을 데리고 볼링장에 갑니다. 볼링장에 가서 볼링을 2게임 정도합니다.

청소년들과 함께 하는 볼링은 참 재미있습니다. 구멍으로 들어가는 것도 보고, 스트라이크를 치는 것도 봅니다. 역전하는 것도 봅니다.

볼링이 끝나면 고기 뷔페에 갑니다. 고기 뷔페에 가면 학생들이 고기를 잘 굽습니다. 고기 먹는 재미가 있습니다. 고기를 먹고 난후에 용돈을 줍니다. PC방 가라고 하면 학생들이 좋아합니다.

이렇게 하면 학생들에게 교회에 오라고 하지 않아도 교회에 잘 나오고 있습니다. 학생들 중에 이렇게 볼링 가는 것을 좋아하고 다음에 또 언제 가냐 하고 기다립니다.

프로그램은 어린이랑 학생들이랑 소통하는 것이 중요합니다. 어린이랑 학생들은 자기를 알아주는 것을 좋아합니다. 있는 그대로 받아 주면서 대화를 시도합니다. 무리한 요구를 하지 않습니다. 있는 모습 그대로 사랑해 주면 됩니다. 진심으로 사랑하면 변화됩니다. 사랑받고 싶은 사람이 많습니다. 사랑하면 사람이 변화되는 것입니다.

새 계명을 너희에게 주노니 서로 사랑하라 내가 너희를 사랑한 것 같이 너희도 서로 사랑하라 요한복음 13장 34절

## 4. 교사 중심 제도하고 반복학습했다

💟 교회학교에서 교사가 중요한가요? 반복학습이 중요한가요?

교회학교에서 교사가 중요합니다. 천안 갈릴리 교회는 한국 교회 성장정체의 위기 속에서 교회학교의 지속적인 성장으로 한국 교회 제2의 부흥을 꿈꾸는 교회입니다.

천안 갈릴리 교회는 교회학교가 성장하고 있습니다. 1998년에 1,302명의 새신자가 등록했습니다. 천안 갈릴리 교회학교는 교사 중심 제도입니다. 일단 임명된 교사는 자기가 전도한 어린이는 자기 반에 소속시킵니다. 능력 있는 교사는 50명 이상이 되기도 하고 역량이 모자란 교사는 1~2명이 되기도 합니다.

천안 갈릴리 교회는 교회 전체 임명 중 1/2정도가 교사입니다. 교회의 목표는 1차로 전체 임원이 교사가 되는 것이고 2차로 청장년부의 세례교인 이상은 교사가 되는 것입니다. 매주일 아침 7시 30분에는 전체 교사가 기도회로부터 시작합니다. 담임목사님께서 직접 인도하고 있으며 어린이도 300명 정도 같이 참석합니다.

오늘 선포될 말씀을 요약해서 전달합니다. 어린이 생명들에게 전도하고 말씀을 전하여 예수님을 믿게 하는 것은 민족을 살리고 세계를 살리는 길이란 기본적 권면의 말씀을 듣습니다.

교회학교 교사로 지금 우리가 쓰임 받는 것은 위대한 하나님의 역사를 창조하는 현장에 있는 귀중하고도 가장 보람 있는 일임을 주지시킵니다.

7시 50분 정도에 기도회를 마치면 빵과 우유 혹 간단한 아침식사를 교회에서 합니다.

8시에는 교회학교에서 뽑힌 순장들을 위한 간단한 훈련과 기도회가 있습니다.

8시 10분경에 모든 교사 혹은 어린이들이 심방을 나갑니다. 여기서부터 본격적인 교회학교 예배 활동이 시작됩니다.

천안 갈릴리 교회학교의 특징은 가정 가정을 일일이 새벽에 문을 두드려서 어린이를 교회에 데려 오는 것입니다. 교회학교 부흥의 비밀의 핵은 교사 숫자를 늘리는 것만큼 교회학교 어린이 숫자가 정비례합니다.

교회학교 부흥의 비결은 교회 전 임원들의 교사화가 되는 것이고, 교회학교 교사가 많을수록 어린이들은 늘어날 수밖에 없습니다. 교사의 사명의식과 사랑의 폭이 얼마나 넓으냐가 결국 그 반이나 그 교회의 교회학교 성장의 성패가 달려 있습니다.

담임목사님의 직접적인 독려와 교사의 개인적 신앙 성숙을 호소하며 스스로 그리스도의 삶에 대한 헌신이 절대적입니다.

천안 갈릴리 교회 교회성장의 핵심은 반복을 통해 체험된 학습 행동으로 이어지게 하는 데 있습니다.

이 교회의 예배 설교와 분반학습의 활동의 주제는 그 전주 담임목사님의 설교를 바탕으로 합니다. 적어도 같은 설교를 3번 이상 들게 됩니다. 교사주보, 어린이 새벽기도, 어린이 예배시간에 설교를 듣게 됩니다. 예배 설교와 분반학습 내용이 동일하고 성경내용을 주로 암기하는 것입니다. 반복 반복 그것이 예배 내용입니다.

뜨거운 성령 충만 만이 교사의 제1요건입니다. 이렇게 반복된 말씀을 통해 교사 자신이 받은 은혜의 핵심을 반 어린이들에게 전하는 것은 어렵지 않습니다. 이러한 체계는 지도자부터 어린이에 이르기까지 같은 마음으로 교회를 섬기고 신앙생활을 할 수 있게 하고 있습니다.


어린이 순장 10계명


주일성수하자.

철저한 훈련을 잘 받자.

1주일에 3번 이상 새벽기도 하자.

4영리를 암송하자.

내가 10명 이상 전도하자.

믿음의 10단계를 공부하자.

매일 성경을 읽자.

교회를 사랑하자.

온전한 십일조를 드리자.

한 가지 이상 봉사하자.

만일 안식일에 네 발을 금하여 내 성일에 오락을 행하지 아니하고 안식일을 일컬어 즐거운 날이라, 여호와의 성일을 존귀한 날이라 하여 이를 존귀하게 여기고 네 길로 행하지 아니하며 네 오락을 구하지 아니하며 사사로운 말을 하지 아니하면 이사야 58장 13절

💗 교회학교 교사가 왜 중요한가요? 교회학교 교사가 분반학습을 어떻게 준비해야 하나요?

서울 어느 교회에서 교육전도사를 할 때입니다. 교회학교 교사, 확실히 할 사람만 교회학교 교사하라고 하였습니다. 그동안 교회학교 교사를 지도하면서 교회학교 교사들이 결석하는 것 때문에 반 관리가 잘되지 않는다는 것을 깨달았습니다. 교회학교 교사가 해야 할 일을 위해 정확하게 해 주었습니다.

1) 교회학교 예배에 지각 결석하지 말아야 합니다.

"교회학교 교사가 무단으로 3번 결석하면 교회학교 교사를 할 수 없습니다."라고 선포했습니다. 지금도 교회학교 교사가 불성실하면 어린이 영혼을 위해 교회학교 교사를 그만 두는 것이 좋습니다.

2) 어린이를 위해 매일 1분씩 기도합니다.

어린이의 꿈이 무엇인지, 어린이의 생일이 언제 인지 분명히 알

라고 하였습니다. "어린이가 건강하고 지혜롭고 사랑스럽게 자라나게 하시니 감사합니다. 어린이의 꿈을 이루어 가게 하시니 감사합니다." 하고 간단히 기도하지만 매일 기도하라고 강조하였습니다.

### 3) 어린이에게 토요일 전화 심방합니다.

어린이들이 주일에 교회에 오는지 못 오는지를 확인하고 주일을 준비하라고 하였습니다. 교회학교 교사들이 매주마다 어린이에게 전화를 하면 어디가야 할 일이 생기면 어린이가 교회학교 교사에게 미리 연락을 줍니다.

### 4) 분반공부 준비를 미리 합니다.

그 당시에 교회학교 교사 분반학습을 위해 한 달 전에 교회학교 교사들이 한 과씩 돌아가면서 분반학습을 준비하였습니다. 교육전도사인 나는 교회학교 교사들에게 말씀 공과를 미리 나누어 주었습니다. 어린이 설교와 분반학습을 한 주제로 준비했습니다. 예를 들어 예배라는 주제로 말씀을 전할 때

1주 하나님을 사랑해요.(창세기 22:14)
2주 예배를 잘 드려요.(창세기 4:4)
3주 예배를 통해 지혜를 얻어요.(열왕기상 3:3)
4주 예배하는 자가 되세요.(요한복음 4:24)

미리 교회학교 교사들에게 어린이들에게 전할 내용을 알려주고 교사들이 모여 "분반학습을 위한 공동 워크숍"을 했습니다.

그때 당시에는 스케치북에다 말씀을 준비해 와서 교회학교 교사들이 '어린이들에게 말씀을 전하는 것처럼' 해 봅니다.

교회학교 교사가 듣고 "이것은 이렇게 표현하는 것이 좋고, 여기에는 이런 이야기를 해 주는 것이 좋을 것 같아요."하며 말씀을 전하는 것을 조언해 주면 하나님의 말씀을 전하는데 풍성하게 됩니다.

어린이들에게 하나님의 말씀을 정확히 전해 주니 어린이들이 믿음으로 자라고 교회학교는 부흥했습니다.


5) 어린이와 약속을 잘 지켜야 합니다.

내가 초등학교 시절 교회학교 교사가 어린이랑 다음 주일에는 떡볶이 먹으러 가자고 약속합니다. 어린이들은 그날을 기다립니다. 그런데 다음 주일에 가서는 교회학교 교사가 누구랑 약속이 있다고 하면서 어린이들과 약속을 무시하는 경우를 봤습니다.

어린이들은 교회학교 교사가 약속을 안 지키면 실망합니다. 교회학교 교사는 어린이와 약속을 잘 지켜야 합니다.


정리합니다.


교회학교 교사는

1. 교회학교 예배에 지각, 결석하지 말아야 합니다.

2. 어린이를 위해 매일 1분씩 기도합니다.

3. 어린이에게 토요일 전화 심방합니다.

4. 분반공부 준비를 미리 합니다.

5. 어린이와 약속을 잘 지켜야 합니다.

이것만 잘해도 훌륭한 교회학교 교사입니다.

아브람이 구십구 세 때에 여호와께서 아브람에게 나타나서 그에게 이르시
되 나는 전능한 하나님이라 너는 내 앞에서 행하여 완전하라 창세기 17장 1절

## 5. 무학년제도와 순장제도 했다

💗 교회학교 반운영에서 무학년제도가 필요한가요? 어린이 순
장제도가 무엇인가요?

천안 갈릴리교회 교육의 핵심이 반복을 통한 학습이라면 무학년
제는 교회학교 성장을 뒷받침하는 제도입니다.

유치부부터 6학년까지의 어린이들이 한 반에서 공부하는 무학년
제도는 한 교사가 한 어린이의 영혼을 어린이 부가 끝날 때까지 맡아
책임을 지고 지도한다는 장점 외에도 어린이들 사이에서의 이끔과
전도가 용이하다는 장점을 지니고 있습니다.

교회학교를 이끌고 성장하게 하는 하나의 힘은 어린이 순장, 중순
장, 대순장 제도입니다. 어린이 지도자를 일컫는 순장, 대순장은 보
통 6학년 어린이들이 담당하고 있으며 매달 1회 훈련을 통해 영적
무장을 하고 신앙생활 실천표를 통해 새벽 기도, 전도, 성경읽기, 봉
사 활동 등을 서로 체크합니다.

부서별 예배와 분반활동에서 예배 분위기를 은혜롭게 이끄는 역

할을 스스로 감당하고 있습니다.

순장의 자격은 주일성수, 새벽예배 포함, 주 1회 이상 새벽기도 및 1일 10분 이상 기도, 1년 10명 이상 전도, 노방전도 3회 이상, 십일조, 감사헌금, 신앙일지 기록, 1일 성경 1장 이상 읽기, 학급 성적 40%이내, 사영리, 순장 교육자료입니다. 중순장이나 대순장의 자격은 더 높습니다.

학년 제도와 순장 제도, 교사들의 헌신과 교회가 틀을 잡아 놓은 반복학습의 제도는 교회학교의 부흥을 일구고 있으며 기도와 찬양이 살아 있는 교회학교, 어린이의 입에서 아멘과 주여, 통성기도와 방언이 자연스러운 교회학교를 만들고 있는 바탕이 되고 있었습니다.

무학년제도는 학년제, 연령제 폐지한 평생 교사 제도입니다. 한 교회학교 교사가 스스로 전도하여 어린이를 6학년 졸업 때까지 책임 있게 가르치므로 평생 교회학교 교사로서 사명감이 불타는 교사가 되게 훈련합니다.

각 부와 각 반에 자율권을 부여해 교회학교 교사들이 스스로 책임 있는 운영을 하도록 하고 있으며, 어린이들에게도 순장 제도를 통해 자기 자신을 단련하고 봉사할 기회를 부여합니다. 어린이들로 하여금 성경의 요절을 외우고, 사영리를 외우고, 기도문을 외우게 하는 반복적인 교육과 새벽기도회와 십일조 생활의 훈련을 통해 육성함으로 지도자로 만들어가 그들이 스스로 전도하고 신앙생활을 하는 일꾼으로 성장하게 합니다.

> 너희 믿음의 확실함은 불로 연단하여도 없어질 금보다 더 귀하여 예수 그
> 리스도께서 나타나실 때에 칭찬과 영광과 존귀를 얻게 할 것이니라
>
> 베드로전서 1장 7절

### 💙 교회학교를 무학년제로 운영해 본 적이 있나요?

교회학교가 부흥하는 교회는 거의 무학년 제도를 도입합니다. 제가 서울의 어느 교회에서 교육전도사를 할 때 교회학교 학년제 제도에서 교회학교 무학년 제도를 도입했습니다. 학년제는 학년별로 반을 나누어서 반운영을 하는 제도이지만 무학년제는 학년 구별 없이 지역별로 나누어서 혹은 친구별로 나누어서 반을 운영하는 것입니다.

무학년제가 좋은 것은 교회학교 교사나 자기 어린이들이 전도하는 사람은 그 반으로 배정됩니다. 학년제는 자기 학년만 전도해야 자기 반으로 올 수 있습니다. 전도하는 폭이 좁습니다. 무학년제는 자기가 전도하면 자기반이기에 전도의 폭이 넓습니다. 1학년을 전도해도 좋고 3학년을 전도해도 좋고 6학년을 전도해도 좋습니다. 어느 학년이든 상관없이 전도해도 좋습니다.

한 교회학교 교사가 매일같이 어린이들을 위해 기도하고 주일 아침이면 어린이를 깨우고 어린이들을 열심히 지도하여 한 반이 38명

의 어린이가 모이는 것을 보았습니다. 이 교회학교 교사만 그런 것이 아니라 다른 반도 어린이들이 부흥하는 것을 보았습니다. 짧은 시간에 교회학교 부흥이 일어났습니다.

여기서 교회학교 어린이반에 어린이들이 많다고 함부로 반을 나누면 안 됩니다. 혼자서 38명의 어린이를 어떻게 관리하느냐고 걱정하는데 그 반의 교회학교 교사의 사명과 열정과 사랑으로, 그 전에 하나님의 특별한 은혜로 부흥하는 것을 보았습니다. 어린이는 사랑하는 만큼 따라 옵니다. 기도하는 만큼 변화됩니다.

이 교회학교 교사는 현재 두바이 필리핀을 위한 선교사로 나가 있습니다. 의정부 승리교회는 이 선교사님을 위해 매달 선교비를 보내주고 있습니다. 20년 넘게 하고 있습니다. 교회학교 교사 한 사람이 바로 서면 그 교회학교 부흥합니다. 다른 교회학교 교사들에게 좋은 영향을 주기 때문입니다.

무학년제도를 하면서 가끔은 학년별로 모일 필요가 있습니다. 같은 학년, 같은 또래 형성이 있기 때문입니다. 6학년만 롯데월드 간다 하면 난리가 납니다. 같은 학년 또래가 주는 기쁨과 감동이 있습니다. 같은 또래 형성은 같은 학년이라는 동질감이 있기 때문입니다.

교회학교 부흥을 위해 무학년제도를 도입하는 것은 좋습니다. 무학년제도를 도입하기 위해서는 교회학교 교사가 준비를 잘해야 합니다. 교회학교 부흥은 교회학교 교사의 손에 달려 있습니다. 교회학교 교사 잘 세우면 그만큼 교회학교가 잘됩니다.

결석 지각하지 않으면 됩니다.

하나님의 말씀으로 무장하면 됩니다.

어린이를 위해 뜨겁게 기도하면 됩니다.

그러므로 누구든지 이 어린 아이와 같이 자기를 낮추는 사람이 천국에서

큰 자니라 마태복음 18장 4절

## 6. 교회 상황에 맞는 프로그램을 개발했다

💬 교회 상황에 맞는 프로그램을 어떻게 개발해야 하나요?

어린이의 눈높이에 맞는 예배와 프로그램을 도입해야 합니다. 전통적인 예배형식에서 벗어나 어린이를 위한 예배형식을 도입하고 예배가 생동감이 있어야 합니다. 주제가 있는 예배, 통일성 있는 예배와 분반학습입니다.

드라마 설교, 만화그림, OHP, PPT, 동영상 등 작은 변화로 인해 예배시간을 기다리게 되고 기대하게 됩니다. 설교의 효과를 높여야 합니다. 어린이 설교는 은혜로워야 하고 재미가 있어야 합니다. 어린이들도 설교가 길어도 은혜가 되면 말씀을 듣습니다. 설교가 재미가 있으면 말씀을 잘 듣습니다.

교회학교를 위한 예산을 별도로 배정을 하고 있습니다. 장비와 가재 도입을 늦추지 말아야 할 것은 사회 공교육 기관은 엄청난 변화와

시설을 갖추고 있습니다.

학교마다 전자 컴퓨터 시설을 갖추었습니다. 학습 공간, 교재도 다양하게 갖추었습니다. 교회에 소그룹실이 준비되고 시청각 교육실을 갖추고 교육 프로그램을 개발해야 합니다.

천안 갈릴리 교회는 초대 교회식 제도를 도입하고, 유태인의 자녀 교육 방식을 적용하고, 학년제 연령제를 폐지하고, 교회 전 임원들의 교사활동을 하고, 속회 예배를 활성화하고, 예배의식에 적극적인 참여를 유도합니다.

단기선교훈련을 실시하였습니다. 이것은 대만, 사이판, 필리핀, 제주도, 중국을 가면서 장차 이 민족에게 복음 선포의 사명을 지닌 하나님의 일꾼을 배출하는 길입니다.

또 이르시되 너희는 온 천하에 다니며 만민에게 복음을 전파하라

마가복음 16장 15절

💙 속회나 지역이 교회학교와 연계될 수 있나요?

보통 교회에서 여름성경학교를 한다고 하면 여선교회나 남선교회에서, 각 속회에서 혹 지역에서 어린이들을 위해 식사 제공을 하거나 간식을 제공해 주었습니다. 청소년 수련회에는 담임목사님과 장로님들이 수련회에 격려차 오면서 간식을 사 가지고 옵니다.

이것을 일 년에 한두 번으로 끝나는 것이 아니라 남선교회와 여선

교회별로 혹은 속회별로, 지역별로 교회학교 반과 연계해서 어린이들을 위해 기도해 주고 어린이들이 교회에 잘 올 수 있도록 본인의 자동차를 이용하여 어린이들이 주일 아침에 교회에 잘 오게 하는 것입니다.

장로님들이 교회학교에 가서 회의 한다고 오래 시간을 보내지 말고 교회학교 교사들을 위해 식사 제공해 주시고 평상시에는 장로님과 권사님들이 교회를 위해, 교회학교를 위해 기도해 주면 좋습니다.

교회부흥은 기도의 용사들이 있어야 합니다. 교회학교 부흥도 어린이들을 위해 기도하는 용사들이 있어야 합니다.

💗 교회학교는 교회 예산을 가지고 운영하기에는 많이 부족합니다. 부족한 운영비를 어떻게 극복해야 합니까?

보통 선교헌금이 있듯이 교육헌금도 있으면 좋습니다. 보통 교회에서 학생들이나 청년들에게 장학금을 줍니다.

인천의 어느 교회는 교회학교를 위해 청장년회에서 자선 골프대회를 하면서 자금을 내서 그 교회에 청소년들에게 장학금을 준다고 합니다. 그 교회 학생들은 교회에서 받는 장학금으로 공부도 하고 꿈을 가지고 신앙생활을 하게 됩니다.

어디를 가든지 사람이 중요합니다. 사람은 사람다워야 사람입니다. 어디를 가나 꼭 필요한 사람이 있고, 있으나 마나 하는 사람이 있으며, 있음으로 남에게 피해를 주는 사람이 있습니다.

교회학교 자녀들을 예수님을 닮아가는 사람이 되도록 믿음과 소망과 사랑으로 양육해야 합니다.

하나님을 찬미하며 또 온 백성에게 칭송을 받으니 주께서 구원 받는 사람을 날마다 더하게 하시니라 사도행전 2장 47절

## 7. 담임목사가 교회학교에 참여했고
## 온 성도들이 전도했다

💗 교회학교 부흥을 위해 담임목사님의 역할이 얼마나 중요한가요? 성도들이 얼마나 전도하고 있나요?

담임목사님의 목회 방향이 그 교회의 미래가 결정됩니다. 담임목사님은 부목사님이나 교육전도사님에게만 교회학교를 맡겨 두지 말고 어린이를 사랑하는 마음으로 교회학교에 관심을 가져야 합니다. 하나님의 말씀을 생명을 걸고 잘 전해야 합니다. 말씀의 꿀을 먹어야 교회학교 교사들이 힘을 얻습니다.

우리 교회 집사님이 고백합니다.

"보통 교회에 가면 담임목사님과 말 한마디도 안 해 보고 가까이 하기도 어려운데 우리 교회는 담임목사님과 대화를 나누고 식사를 함께 할 수 있어 좋아요."

어느 교회 담임목사님은 예배가 끝나면 사택으로 들어가시고 성도들과 교제를 나누지 않는다고 합니다. 목사님 나름대로 이유가 있을 것입니다.

성도님들과 대화를 나누거나 식사를 할 경우에 담임목사님이 말 실수를 할까봐 두려울 수 있습니다. 성도님들 중에는 담임목사님의 말을 오해하는 경우가 있습니다. 자기 나름대로 해석해서 잘못 듣고 자기 방식대로 살아갑니다. 가끔 목사님의 말 때문에 교회를 떠나가는 경우도 있습니다.

어느 목사님께서 『목사님을 칭찬하면 교회가 부흥됩니다』라는 책을 쓰셨습니다.

– 이충섭 목사님! 제 10년 뒤의 모습이 목사님처럼 하나님을 향한 순수한 마음과 영혼 구령의 열정으로 타올랐으면 좋겠습니다. 늘 귀감이 되어 주셔서 감사합니다. (한은혜 목사님)

– 미래는 사람! 아이들이 좋아하는 교회를 만들어야 합니다. 365일 전도하는 이충섭 목사님의 『교회학교 해봤어!』는 미래를 열고 미래를 살리는 책입니다. (연결고리패밀리처치 김명군 목사님)

– 건빵 피하면 전도빵에 걸린다! 매일 전도에 나서는 이충섭 목사님을 덩달아 칭찬 드립니다. 올해 들어 열매가 맺히기 시작하는지 기쁨에 겨운 소망을 전해 주시네요. 오랫동안 어린이 부흥회도 인도하시지요. 두 아들이 감신에 입학하여 온 가족의 감신화를 이룬 분이기도

합니다. 아무튼 다른 목사들 잘 못하는 것만 골라서 전공하시는 가 봅니다. 매일 최선을 다하는 모습은 차라리 감동입니다. (이영찬 목사님)

담임목사님께서 교회학교의 교사들에게 많은 영향을 줍니다. 담임목사님께서 가지고 있는 교육 철학을 교회학교 교사에게 알려 주는 것은 교회학교의 방향을 주는 것입니다.

담임목사님과 교회학교 교사의 만남이 이루어지고 말씀을 듣고 기도하는 것은 교회학교 부흥을 가져 옵니다.

전 성도들이 교회학교에 동참하는 것도 중요합니다. 교회학교만의 문제로 돌리지 말고 모든 성도가 나서서 안내와 정리, 주차 안내 등 봉사할 수 있도록 해야 합니다.

교회학교 운영체계가 교역자가 아닌 부장중심의 운영체계가 효과적일 때가 있습니다. 교육전도사님은 교회에서 사역하는 기간이 짧습니다. 교회학교 교사는 그 교회를 평생 섬깁니다.

교역자들은 영적인 일에 전문가가 되고, 부장은 전체를 아우르는 일에 전문가가 되어야 교회학교 운영이 원활해집니다. 부장님은 책임을 맡은 사람으로서 더욱 기도해 힘씁니다.

교회학교는 개인마다 반마다 전도 목표를 세우고 전도특공대를 조직하여 전도훈련을 시키며, 전도의 날을 정하고 총력 전도를 실시하도록 합니다. 교회학교 교사와 어린이들이 함께 현장 전도할 때 효과적입니다.

너의 하나님 여호와가 너의 가운데에 계시니 그는 구원을 베푸실 전능자
이시라 그가 너로 말미암아 기쁨을 이기지 하시며 너를 잠잠히 사랑하시
며 너로 말미암아 즐거이 부르며 기뻐하시리라 하리라 스바냐 3장 17절

💗 교회학교를 위해 담임목사님, 교육전도사님, 부장 선생님, 교
사들이 해야 할 일이 무엇이 있나요?

### 1) 담임목사님

① 담임목사님은 교육전도사님을 위해, 부장 선생님, 교회학교 교
사를 위해 매일 1분씩 소리 내서 기도합니다.

② 담임목사님은 교회학교가 어떻게 움직이고 있는지 매주 보고
받습니다. 그날 교회학교 출석과 결석을 살펴봅니다.

③ 담임목사님은 교회학교 영적 관리를 위해 설교 준비를 잘해야
합니다. 담임목사님의 설교가 어른 속회공과가 되기도 하고, 교회학
교 공과가 되기도 합니다. 설교 내용이 은혜가 되고 감동이 되어야
합니다.

④ 담임목사님은 교육전도사님을 격려해 주고 교회학교 부장님,
교사를 따뜻하게 말로 칭찬합니다. 수고해 주셔서 감사하다고 표현
을 자주 해 주셔야 합니다.

⑤ 담임목사님은 교회학교 행사와 예산을 전적으로 지지하고 지원해 주어야 합니다. 담임목사님은 교육부에서 하는 행사를 무조건 안 된다고 말하시면 안 됩니다. "지원하도록 힘써 보겠습니다." 하는 말을 자주 하셔야 합니다.

2) 교육전도사님

① 교육전도사님은 교회학교 교사들과 어린이들 이름을 불러가며 매일 1분씩 꼭 기도해야 합니다. 기도하는 만큼 교회학교가 달라집니다.

② 교육전도사님은 부장 선생님과 교회학교 교사와는 절대로 싸우면 안 됩니다. 교육전도사님이 화를 내셔도 안 됩니다. 화가 나는 일이 있으면 그 자리를 피하십시오. 교육전도사님이 교회학교 교사와 다툼이 나면 그 교회학교 교사와 관계가 힘들어 지고 다른 교회학교교사들과도 틈이 생깁니다.

③ 교육전도사님은 어린이 설교 준비를 잘하셔야 합니다. 교회학교 교사들이 말씀을 들어도 은혜가 되는 말씀을 준비해야 합니다. 교회학교 설교 준비를 토요일에 하면 너무 늦습니다. 설교 준비를 미리미리하셔야 합니다. 한 주 한 주 준비하지 말고 미리 한 달 전 설교를 준비하고 한 주 한 주 보내셔야 합니다. 하나님의 말씀이 말씀을 전하는 교육전도사님의 삶에 젖어 있어야 합니다. 교육전도사님의 삶 속에서도 적용되지 못한 설교를 하는 것이 문제입니다. 말씀이 살았

고 운동력이 있다고 하는데 말씀이 살아야 하고 운동력이 있어 우리를 변화시킬 능력이 되어야 합니다.

④ 교육전도사님은 교사 교육을 잘해야 합니다. 교회학교는 교회학교 교사의 손에 달려 있습니다. 교회학교 교사의 사명감이 늘 있어야 합니다. 교회학교 교사는 무보수로 일하고 있습니다. 교회학교 교사를 잘 세워나야 교회학교가 잘됩니다.

⑤ 교육전도사님은 어린이를 사랑하면 됩니다. 교육전도사님은 어린이들과 인사를 부드럽게 따뜻하게 해야 합니다. 항상 웃으면서 어린이를 맞이할 수 있어야 합니다. 어린이를 사랑하는 만큼 어린이들이 달라집니다.

### 3) 부장 선생님

① 부장 선생님은 담임목사님, 교육전도사님, 교회학교 교사들을 위해 매일 5분씩 기도해야 합니다. 담임목사님을 위해, 교육전도사님을 위해, 교회학교 교사들을 위해 따로따로 이름을 불러 가며 기도해야 합니다. 이들이 영혼이 잘되어야 하여 교회학교가 잘되기 때문입니다.

② 부장 선생님은 가정 일도 잘해야 합니다. 교회학교를 위해 일한다고 가정 일을 소홀히 해서는 안됩니다. 교회학교를 위해 배우자 도움을 받고, 자녀들과 대화하면서 도움을 받습니다. 부장 선생님이

오랜 경력에서 옛날에 했던 방식이 아니라 새 시대에 맞는 행사나 프로그램이 무엇이 있는지 교육전도사님과 자녀들과 대화를 나누다 보면 좋은 프로그램을 발견하게 됩니다.

③ 부장 선생님은 교육전도사님과 교회학교 교사의 관계를 잘 연결해야 합니다. 부장 선생님은 교육전도사님 편 들기도, 교회학교 교사 편 들기도 어려울 때가 있습니다. 부장 선생님이 상처 받지 않도록 지혜가 필요하고 기도 많이 하셔야 합니다. 교육전도사님께서 어린이 설교를 더욱 잘하시도록 코칭해 주시고, 교회학교 교사들이 기쁜 마음으로 따뜻하게 격려해 주시고 가끔 간단한 선물을 하십시오. 말로만 열심히 하자는 것보다 따뜻한 표현이 더 효과가 있을 때가 있습니다.

④ 부장 선생님은 새 신자 어린이와 전도에 관심을 가져야 합니다. 일반 교회학교 교사가 새로 온 어린이들 관리를 잘하지 못할 때가 있습니다. 새로 온 어린이들의 영적 관리를 살피도록 교회학교 교사를 격려하며 새로 온 어린이들이 잘 나올 수 있도록 격려해 주도록 해야 합니다. 교회학교 전도하는 일에 힘써야 합니다. 일주일에 최소한 2번은 전도하러 나가야 합니다. 전도해도 잘 오지 않는 현실이지만 그래도 전도는 해야 합니다. 전도하다가 보면 하나님께서 은혜를 베풀어 주실 때가 있습니다.

⑤ 부장 선생님은 자신의 영적관리를 잘해야 합니다. 부장 선생님이 하나님과의 관계를 바로 세우고 성경 읽기와 기도를 열심히 해야

합니다. 교회학교 부장하다가 시험 들면 안 됩니다. 교회학교 부장님도 하나님께서 맡겨주신 귀한 사역입니다. 사명감을 가지고 기쁨으로 부장 선생님이 되어야 합니다.

### 4) 교회학교 교사

① 교회학교 예배에 지각 결석하지 말아야 합니다.
② 어린이를 위해 매일 1분씩 기도합니다.
③ 어린이에게 토요일 전화 심방합니다.
④ 분반공부 준비를 미리합니다.
⑤ 어린이와 약속을 잘 지켜야 합니다.

교회학교 교사는 앞에서 이야기했습니다.

서울의 어느 교회의 교육목사님의 이야기입니다.

"교회학교와 부흥이라는 단어만으로도 설렙니다. 다시 그런 역사들이 있기를 바래요. 좋은 내용 감사합니다."

형제들아 너희 가운데서 성령과 지혜가 충만하여 칭찬받는 사람 일곱을 택하라 우리가 이 일을 그들에게 맡기고 사도행전 6장 3절

# 교회학교가 아닌
# 교육목회로 전환하라

# 1. 교회학교가 성장해야 교회도
## 성장한다는 생각을 가져야 한다

💗 교회학교가 성장하면 교회가 성장하나요?

어린이가 영원히 어린이가 아닙니다. 청년으로, 장년으로 성장합니다. 장년 부흥을 위한 총동원 전도주일, 전도집회를 활성화시켜야 합니다. 일과성 행사 같지만 총동원 전도주일 행사는 교회 전체에 전도하는 분위기를 고양시키는 데 좋은 프로그램입니다.

개척교회라면 한 달에 한 번 씩은 특별한 이슈를 만들어 부흥집회나 간증집회를 갖는 것도 좋습니다. 장년 전도도 목회자가 직접 나서서 지속적으로 본을 보여야 합니다.

교회학교가 부흥하기 위해서는 먼저 담임목사님과 교회학교 교사가 사명감을 가지고 생명을 받쳐 헌신해야 합니다. 담임목사님과 교회학교 교사가 어린 영혼을 사랑하고 말씀 준비하고 기도하고 심방하면 교회학교는 부흥할 수 있습니다.

부산 서부 교회학교에서는 말씀 교육을 철저히 하고 일회성의 행사를 피하고 교회학교 교사가 자기 맡은 어린이는 끝까지 책임집니다.

서울 꽃동산 교회학교는 먼저 동역자를 구하고 하나님의 일을 형식적으로 절대로 하지 않고 모든 프로그램을 어린이에게 초점을 두었습니다.

천안 갈릴리 교회학교는 교회학교에 많은 시간과 열정을 갖고 어린이 순장제도를 도입하여 어린이들로 하여금 어린이들을 관리하도록 했습니다.

이런 교회는 교회학교를 통해 교회성장을 가져 온 교회입니다.


교회학교 부흥을 위해


1) 사명감이 있고 교사 훈련을 받고 영적 체험한 교사를 양육하는 것이 무엇보다 중요합니다.


2) 예배가 살기 위해 찬양과 기도와 말씀 훈련을 절대적으로 중요합니다. 살아있는 예배가 되어야 어린이들이 은혜받고 평생을 살 수 있습니다.


3) 예배와 분반학습은 한 가지 주제를 가지고 반복훈련을 하여 삶에 적용할 수 있게 해야 합니다.


4) 분반학습도 교회학교 교사의 일방적 전달 방법에서 교사와 어린이들이 상호작용할 수 있는 협동학습과 이미지 학습을 도입해야

합니다.

5) 주말에 부모님과 함께 하는 프로그램도 개발하여야 합니다. 어린이 교육을 단순히 어린이만 위한 교육이 아니라 교회의 모든 연령층이 교육을 받는 교육목회로 전환해야 합니다.

그리하여 온 유대와 갈릴리와 사마리아 교회가 평안하여 든든히 서 가고 주를 경외함과 성령의 위로로 진행하여 수가 더 많아지니라 사도행전 9장 31절

💗 교회학교 교사훈련을 어떻게 해야 하나요?

교회학교 교사훈련 계획을 세워 봅시다.

1) 교회학교 교사는 누구인가요?
교회학교 교사는 교사의 사명감과 어린이의 사랑과 성령이 감동받는 기도를 할 줄 아는 사람입니다.
반목회는 성령님께서 주도하시는 성령님의 사역입니다. 교회학교 교사는 성령님의 동역자로 성령님께서 하시는 일을 수종 드는 자요, 성령님의 일을 나타내는 자일뿐입니다. 반 목회자는 철저하게 성령님을 의존하는 자가 되어야 하고 성령님께서 역사하시지 않으시면 반목회는 불가능합니다. 반 목회자는 기도해야 합니다.

2) 교회학교 교사는 어린이 관리를 어떻게 해야 하나요?
어린이의 생일을 기억하여 선물하고, 어린이의 꿈을 지원하고 기

도하고, 어린이들의 고민을 들어 주고 눈물의 기도를 해야 합니다.

어린이를 위한 눈물의 기도가 있는 제자반은 반드시 부흥합니다. 눈물과 피는 제자반을 성장시키는 자양분입니다. 시간을 정해 놓고 기도하고 이름을 부르면서 기도하고 소망을 가지고 기도해야 합니다.

3) 교회학교 교사는 매일 성경보고 기도하기를 실천해야 합니다.

성경은 하나님의 말씀이고 예수님을 증거 하는 책입니다. 성경을 통해 예수님을 알고 느끼고 믿게 되는 것입니다.

기도하면 하나님의 뜻을 내게로 가져 오고 내 생각을 버리게 됩니다. 예수님께서 겟세마네 동산에서 내원대로 마옵시고 아버지의 원대로 되기를 원하나이다고 자신을 쳐서 복종하고 기도하신 것처럼 땀이 피가 되도록 기도하는 교회학교 교사가 부흥하는 반으로 이끌어 갑니다.

어느 교회 전도사님께서 교회학교 교사들을 삼각산 기도원에 데리고 가서 3시간 기도하였더니 교회학교가 부흥했다고 말 한 것을 들은 적이 있습니다. 교회의 일은 사람의 생각이나 의지로 되는 것이 아니라 성령의 감동과 능력으로 되는 것입니다.

4) 교회학교 교사는 어린이들을 위한 분반학습 연구를 열심히 해야 합니다.

교회학교 분반학습에 있어서 어린이들에게 칭찬이, 기록이, 섬김이, 지킴이 등 어린이들이 각자 할 수 있는 일을 맡기고, 가르칠 본문 말씀의 중심사상을 찾도록 본문을 10번 이상 읽어야 합니다. 본문의 암기할 부분과 나의 모습을 보고, 결단하면 됩니다.

글자 정보를 이미지 학습으로 입력하여 학습합니다. 이미지 기억… 시각적 기억… 마음의 그림으로 기억할 수 있는 용량은 우리의 상상을 초월합니다.

5) 교회학교 교사는 전도, 찬양, 기도, 말씀, 분반학습 전문가가 되어야 합니다.

반이 저절로 부흥하지 않습니다. 교회학교 교사와 어린이들이 전도해야 부흥할 수 있습니다. 하나님의 임재가 있는 찬양을 배워야 하고, 어린이들을 위해 사랑하는 마음으로 기도할 줄 알아야 하고, 하나님의 말씀을 전할 수 있는 실력이 있어야 합니다. 반 운영과 분반학습 전문가가 되어 어린이 영적 지도를 잘해야 합니다.

우리 구주 예수 그리스도로 말미암아 우리에게 그 성령을 풍성히 부어 주사 디도서 3장 6절

## 2. 목사가 생각이 바뀌어야 한다

💟 교회학교를 위해 담임목사님의 생각이 바뀌어야 할 이유가 무엇인가요?

교회학교가 무너지면 교회가 무너집니다. 어린이가 없는 교회는 미래가 없습니다. 이제라도 교회는 어린이들을 챙겨야 합니다. 담임 목사님께서 교회학교 교사들에게 많은 영향을 줍니다. 요즘 시대도 다음 세대 사역을 감당하는 교회들이 있습니다.

거창 중앙교회 교회학교는

1) 무학년제로 운영하는 교회학교입니다.

전도자 자신이 전도한 사람 모두를 직접 양육하는 방식입니다. 이름하여 친자 양육방식입니다. 사도 바울이 디모데에게 '사랑하는 아들 디모데'라고 했던 것처럼 자신에게 맡겨진 영혼을 믿고 끝까지 인도합니다.

2) 전 성도 교사화입니다.

교회학교를 위해 뜨거운 불을 가지고 가르치는 은사가 있는 성도는 주교사, 연세가 높으신 분들은 기도 교사, 승용차를 소유한 성도들은 차량 교사, 사업 때문에 시간이 없는 분들을 재정 교사, 중고등부 학생들 중에서 자원하는 이들은 보조교사, 도로안전이 필요하다면 교통지도교사 등등 필요하다면 누구든지 이름을 붙여 교사로 헌신하게 하였습니다. "한 번 교사는 영원한 교사다"라고 공포합니다. 이렇게 하다 보니 교회 구성원의 80%가 앞장서 일하는 사역자가 되었습니다.

3) 인적 자원의 집중화입니다.

교회의 모든 자원을 다음 세대 사역에 집중하게 하고 인력과 재력 자원 모두를 집중시키는 것입니다. 각 부서에서 활동을 계획할 때부터 먼저 다음 세대 사역을 염두에 두고 계획을 수립하도록 하였습니다.

4) 불꽃 목자화 운동입니다.

불꽃 목자화 운동은 어린이들을 영혼 사역자로 키우자는 것입니다. 예수님을 닮아가는 사역자로 만들자는 것입니다. 예수님이 제1호 불꽃목자이시니 어린이들도 예수님을 따라서 제2호 불꽃목자가 되자 하는 것입니다. 평생 동안 언제 어디서 무엇을 하든지 영혼 사역하는 예수님의 사람으로 양육하는 것입니다. 구원의 확신을 갖게 하고, 예배 잘 드리는 소망을 갖고, 신앙생활의 모범이 되도록 훈련하고, 자부심 있는 영혼 사역자가 되게 합니다.

5) 예다미 사역입니다.

예다미 사역이란 예수님의 성품을 닮은 사람으로 훈련하는 것입니다. 이 사역은 바로 빌립보서 2장 5절 말씀대로 하나님의 명령을 따르는 사역입니다. 이것은 어린이들을 장성한 예수 그리스도의 장성한 분량으로 이끌기 위해 꼭 해야 하는 사역입니다. 예수님의 성품을 여러 가지로 정의하고 그 성품을 훈련해 나가는 것입니다. 실행하는 훈련입니다.

6) 참된 예배자로 세우기입니다.

하나님의 백성은 하나님 앞에서 참된 예배자가 되어야 한다는 것입니다. 이 문제도 어린이 때부터 바르게 훈련시켜야 합니다. 예배당 예배뿐만 아니라 생활 현장에서도 참된 예배자가 되도록 만들어 가야 합니다. 하나님과 동행하는 삶과, 예수님의 성품을 실천하는 삶을 실천하도록 강조하고 주단위로 점검합니다.

오늘도 "기도 외에는 이런 유가 나갈 수 없다" 하신 말씀을 가슴에 담고 온 성도들이 오직 기도에 전심을 다하고 있습니다.

선을 행하고 선한 사업을 많이 하고 나누어 주기를 좋아하며 너그러운 자가 되게 하라 디모데전서 6장 18절

💜 예수님의 성품은 어떤 것들이 있나요? 어린이들에게 어떻게 예수님의 성품을 닮게 하나요?

사람은 누구나 예수님의 성품을 닮아야 합니다. 예수님의 성품은 모든 인간 성품의 원형이기 때문입니다. 그러나 한 사람이 완벽하게 예수님의 성품을 재현해 낼 수는 없기 때문에 연합해야 하며, 죄악을 확실하게 이기기 위해서 예수님 안에서 하나가 되어야 합니다. 무엇보다도 믿음이 성품을 이루게 하는 출발입니다.

예수님의 성품은 신비스러운 주님의 능력으로 가능케 됩니다. 예수님은 당신의 성품을 나누어 주십니다.

성품에 생명력이 있다면 그 증거로 덕을 세울 것입니다. 지식이 곧 성품은 아닙니다. 내가 알고 회개하고 작정하고 도움을 청하면 비로소 씨앗이 심겨 지고 시간이 지나면서 성품의 열매가 맺히게 되므로 악한 성품이 발악을 할 때 실망하지 말고 인내하며 우애하며 사랑으로 그 저주를 끊어 주어야 합니다. 사랑은 대신 회개하며 영적인 전쟁을 치러주는 것입니다. 성품이 열매인 것은 본인이 성품의 유익을 먼저 맛보기 때문입니다.

순종-노아, 믿음-아브라함, 양보-이삭, 용서-요셉
용기-여호수아, 기쁨-다윗, 지혜-솔로몬, 감사-다니엘
열심-야곱, 충성-모세, 효도-룻, 기도-한나
경청-사무엘, 우정-요나단, 인내-느헤미야

예수님의 성품은

감사(마태복음 14:16-21)

긍휼(마태복음 20:31-34)

기도(누가복음 3:21-22)

눈물(요한복음 11:32-35)

매력(마태복음 4:23-25)

분노(마가복음 3:1-6)

순종(누가복음 2:41-51)

은혜(요한복음 1:14-17)

인내(히브리서 12:1-3)


성경을 통해 예수님의 성품을 찾아가면서 어린이들에게 예수님의 성품을 닮아 가도록 훈련해야 합니다. 훈련을 통해 좋은 성품을 열매로 거두게 될 것입니다.


너희 안에 이 마음을 품으라 곧 그리스도 예수의 마음이니 빌립보서 2장 5절

## 3. 예배를 살리고 새신자를 양육하고
## 쌍방 분반학습을 살려야 한다


💙 교회학교에서 예배가 그렇게 중요한가요?


학교는 교육공동체이지만 교회는 생명공동체요 예배공동체입니다. 우리 어린이 예배를 통해 하나님의 만남을 회복하고 하나님의 은혜를 체험합니다. 예배 회복은 현재 우리 교회에 가장 긴급한 일이며 교회학교 본래의 사명입니다.

어린이 예배가 살면 교회학교가 삽니다. 예배는 하나님과 만나는 시간이고 하나님의 영으로 드려지고 하나님의 은혜를 충만히 받는 시간입니다. 예배의 구경꾼이 되지 말고 예배의 참여자가 되어야 합니다.


교회학교 예배가 살기 위해


1) 찬양의 불꽃을 피워야 합니다.

노래는 자기의 기분에 따라 자기 마음대로 해도 상관이 없습니다. 찬양은 하나님의 임재를 느끼고 하나님의 은혜를 받는 수단입니다. 찬양이 살아야 예배 분위기가 삽니다. 찬양 인도를 잘해야 합니다.

### 2) 어린이 설교가 살아야 합니다.

어린이 설교를 잘하면 어린이가 은혜를 받습니다. 어린이 예배가 살려면 설교가 살아야 합니다. 어린이 설교는 복음적이면서 단순해야 합니다. 재미있으면서 은혜로워야 합니다. 설교는 한 가지 주제를 담고 있어야 합니다.

내가 무엇을 말하려고 하는가?(내용)
그래서 어쨌단 말인가?(적용)

어린이 설교는 성령의 인도를 받도록 기도해야 합니다. 내 말이 아닌 하나님의 말씀을 전해야 합니다. 성경말씀 본문을 많이 읽어야 합니다. 내 뜻이 아닌 하나님의 뜻을 전해야 합니다. 어린이들을 이해해야 합니다. 어린이들이 관심을 가지고 있는 것을 찾아야 합니다.

설교를 어떻게 구상할 것인가?
핵심단어, 예화, 그림 자료, PPT 자료, 영상을 준비합니다. 실제로 어린이 설교를 연습해 보아야 합니다. 내 앞에 어린이들이 있다고 생각하고 설교해야 합니다. 내가 하나님 앞에서 설교해야 합니다. 어린이 설교는 은혜가 있어야 하고 재미가 있어야 합니다. 은혜와 재미는 사람이 가져다주는 것이 아니라 하나님이 주십니다. 하나님과 깊은 만남이 있어야 합니다.

### 3) 뜨거운 기도가 있어야 합니다.

어린이들이 교회를 오래 다녀도 기도할 줄을 모릅니다. 교회학교 교사가 부르짖는 기도를 할 줄 알아야 합니다. 방언 기도할 줄도 알아야 합니다. 어린이들을 뜨겁게 사랑하는 마음으로 기도할 줄 알아야 합니다.

부르짖는 기도 속에 하나님의 임재를 느끼고 하나님의 능력이 옵니다. 한 어린이 한 어린이의 이름을 부르며 간절히 뜨겁게 기도해 주어야 합니다. 기도받은 어린이가 큰 일꾼이 됩니다.

너는 내게 부르짖으라 내가 네게 응답하겠고 네가 알지 못하는 크고 은밀한 일을 네게 보이리라 예레미야 33장 3절

### 🖤 교회학교예배가 살아가기 위해 어떤 일을 해야 하나요?

### 1) 찬양이 살도록 찬양하라.

찬양이 살아나는 두 가지 지름길.

첫째, 선곡의 비밀 : 곡 속에 '하나님, 예수님, 성령님, 주님, 아버지'의 내용이 하나라도 들어 있지 않으면 과감히 빼 버려라.

둘째, 짧고 쉬운 곡부터 숙련하라. "예수님 만나고 싶어요."를 시작하여 "예수 가장 귀한 그 이름", "예수 샤론의 꽃", "좋으신 하나님" 등등 주옥같은 곡들을 암송하며 부르라.

기존 찬송가에서 놓치지 말아야 할 곡들 : 찬송가 144장, 270장, 563장, 565장 등등.

찬양은 불가능을 가능케 했고(여호수아 6장 1-21절), 찬양은 묶인 것을 풀어주며(사도행전 16장 25-34절), 찬양은 인간의 본분입니다.(이사야 43장 21절) 어린이들도 맛(?)을 보지 못해서 그렇지 일단 찬양의 맛을 느끼기 시작한다면, 뜨거운 한 여름에 시원한 수박을 정신없이 먹듯이, 바람 몰아치는 겨울밤에 군고구마를 달콤하게 먹듯이 찬양으로 하나님께 붙잡혀 그분 때문에 기뻐하고 그분 때문에 울고 그분 때문에 살맛을 찾는 생동감 있는 신앙생활을 누리게 됩니다.

사실 어른보다 어린이가 더 맑고 깨끗하기에 더 깊이 더 폭 넓은 찬양을 통하여 하나님과 교제할 수 있습니다.

찬양은 하나님과 잘 통하는 길입니다. 어떤 어린이가 찬양하며 왔다 갔다 하는가? 어떤 어린이가 찬양 중에 장난을 치는가? 어떤 어린이가 찬양 중에 딴전을 피우는가? 살펴야 합니다.

찬양을 잘하는 교회학교, 결코 꿈만은 아닙니다. 찬양의 틀을 어서 세우라. 성령님께서 역사해 주실 것입니다.

### 2) 기도가 되도록 하라.

기도를 가르쳐야 합니다. 기도는 기도자의 사모함과 훈련의 결과입니다. 할수록 더 잘되는 것이 기도입니다. 기도는 순서가 있습니다. 하나님 앞에 드리는 기도가 순서도 없이 중언부언할 수는 없습니다.

① 하나님을 부르세요.

　　(하나님, 아버지, 고마우신 하나님 등)

② 하나님께 감사를 드리세요.

　　(하나님 정말 감사합니다. 절 사랑하셔서 예수님을 믿게 해 주시니 감사

　　합니다.)

③ 용서를 구하세요.

　　(하나님 저는 죄인입니다. 내 맘대로 살았어요. 내 고집대로 살았어요.

　　엄마에게 대들기도 잘 했고 거짓말도 잘 했어요. 이 시간 예수님의 피로

　　다 씻어 주세요.)

④ 부탁합니다.

　　(하나님 아버지! 절 사랑하시죠? 절 좀 붙잡아 주세요. 절 좀 인도해 주

　　세요. 하나님의 영광을 위해 살겠습니다.)

⑤ 예수님의 이름으로 기도합니다. 아멘


기도훈련은 기도제목을 분명히 할 때 잘됩니다.


어린이들에겐 분명한 기도제목을 제시하면 제시할수록 기도문이 열리게 됩니다. 갑자기 기도 줄을 잡게 됩니다. 교회학교에 나오는 대부분의 어린이들에겐 아래와 같은 공통적인 욕구가 있는 것입니다.


① 예수님을 만나고 싶어 함.

② 기도를 잘하고 싶어 함.

③ 축복을 받고 싶어 함.

④ 지혜를 받고 싶어 함.

⑤ 은혜를 받고 싶어 함.

⑥ 큰 꿈을 갖고 싶어 함.

⑦ 훌륭한 사람이 되고 싶어 함.

⑧ 천국 가고 싶어 함.

⑨ 나쁜 일에 빠지고 싶지 아니 함.

⑩ 죄짓고 싶지 아니 함.

⑪ 막살고 싶지 아니 함.

⑫ 하나님께 영광 돌리고 싶어 함.


다양한 기도의 접촉점을 찾으라. 짝 기도, 통성기도, 통곡의 벽 기도, 터널 기도 등등


### 3) 살아있는 예배를 드려라.

– 예배 전 10분~15분 –

몸찬양 : 감사, 회개, 은혜 중심의 곡을 선곡하여 어린이 모두가 하나님을 의식하도록 이끌어 주는 단계. 특히, 유치부식의 율동을 배재하고 시작부터 하나님을 느끼는 몸찬양으로 수동적이나 일방통행식이 아닌 어린이들 자발적으로 하나님께 나아가도록 교사가 돕습니다.


예배 전 찬양 선곡의 예

감사해요, 하나님 고맙습니다, 왕이신 나의 하나님, 주의 자비가 내려와 내려와, 좋으신 하나님, 예수님 만나고 싶어요, 예수님을 따라서 등.

✻ 찬양 후 통성기도로 이끌 수 있고 곧바로 타종함으로 예배에

나아갈 수도 있습니다.

### 예배의 기원
살아 계신 우리들의 하나님 아버지, 고맙습니다.
너무너무 보고 싶었어요.
이 시간 예배를 통해 맘껏 하나님께 영광을 돌립니다.
기뻐해 주시고 어린이들에게 복을 내려 주세요.
예수님의 이름으로 기도합니다. 아멘

### 경배와 찬양
다함께 일어나셔서 찬송가 20장 '사랑으로 우리를' 찬양 드립니다. (설교 전 찬양은 그 가사 내용이 수직적 성삼위 하나님께 드리는 곡이어야 합니다.)
예) 하나님 아버지 고맙습니다. 성도여 다함께, 기뻐하며 경배하세, 전능왕 오셔서.

### 교독문
찬송가 뒤에 있는 교독문 2번을 함께 교독합니다.
✱ 깨끗이 하시는 하나님

### 신앙고백
사도신경으로 우리의 신앙을 하나님께 고백합니다

성삼위영가

성삼위영가로 하나님께 찬양을 드립니다.

"이 천지간 만물들아, 복 주시는 주 하나님

전능 성부 성자 성령 찬송하고 찬송하세"


대표기도

두 손을 모아 기도할 때 ○○○ 선생님이 하나님께 기도드리겠습니다.


기도송

(찬양대가 있는 경우 찬양대가 찬양하고 없는 경우엔 어린이 모두가 기도송

을 찬양합니다.)

–우리 기도를 주여 들으사 주님의 평화를 내려 주소서


성경봉독

오늘 하나님께서 우리에게 주시는 말씀은 신약성경 마태복음 7장

7절입니다. ○○○ 어린이가 나와서 봉독하겠습니다.

(순서를 맡은 어린이는 예배에 틈이 생기지 않도록 미리 준비하고 곧장 봉

독하도록 합니다.)


찬양 / 찬양대 혹은 전체


설교

○○○ 목사님께서 우리를 위해 하나님의 말씀을 들려주시겠습니

다. 우리 모두 두 손을 무릎에 얹고 목사님을 바라봅니다.

통성기도

(설교자가 인도)

찬송

이제 우리 모두 25장을 정성껏 부르면서 준비해 오신 헌금을 하나
님 아버지께 바칩니다.

봉헌

(맡은 어린이)

봉헌기도 / 사회자
교회소식 / 사회자
코이노니아 / 다같이

여러분 우리 동무여 가만히 가만히 예수님 손을 붙잡고 집으로
갑~시다.

축도 / 담임목사님

○○교회 어린이 예배 순서

1.
다함께 조용한 기도하심으로 하나님 앞에 예배를 시작하겠습니다.
── 사랑의 하나님 아버지
우리 어린이들이 지금 예배드립니다.

우리의 예배를 꼭 받아 주세요.

우리에게 은혜와 믿음을 주시고 언제나 예수님을 닮아가는 사람이 되겠습니다. 예수님의 이름으로 기도합니다. -아멘-

2.

다함께 감동스러운 마음으로 _____찬양을 부르겠습니다.

3.

다함께 하나님을 깊이 생각하며 교독문을 하겠습니다.

4.

다함께 사도신경으로 신앙을 고백하며 믿음을 확증하겠습니다.(시작)

5.

기도는 _____ 어린이가 기도해 주시겠습니다.

6.

오늘 하나님의 말씀은 _____ ___장___절입니다.

한목소리로 봉독하여 하나님의 음성을 듣겠습니다.(시작)

7.

설교는 _____(목사님, 선생님)께서 나오셔서

_____라는 제목으로 해 주시겠습니다.

8.

총무 선생님 나오셔서 어린이 소식을 전해 주시겠습니다.


9.

다함께 즐거운 마음으로 _____라는 찬양을 부르면서 헌금하겠습니다.

헌금위원은 _____ 어린이입니다.


10.

다함께 헌금 기도하겠습니다.

── 은혜의 하나님 아버지!

오늘 교회에 나와 하나님의 말씀을 듣게 해 주시니 감사드립니다. 정성과 믿음으로 헌금하였습니다. 이 헌금을 받으시고 하나님의 나라와 의를 위해 쓰이게 해 주세요. 예수님의 이름으로 기도 드립니다. 아멘!


11.

다함께 주기도문 하심으로 예배를 마치겠습니다.

(시작)


○○교회는 어린이 사회, 어린이 기도, 어린이 헌금위원을 합니다.


어린이들이 예배 준비를 잘합니다.

자신감을 갖습니다.

자랑스럽게 생각합니다.

예배시간 기도입니다.

1.

사랑의 하나님 아버지!

오늘 거룩한 주일에 교회에 예배드리게 하시니 감사합니다.

우리의 죄와 허물은 예수님의 피로 용서하여 주시고 하나님의 자녀답게 믿음을 가지고 꿈을 이루어 가게 하시니 감사합니다.

하나님께서 주시는 은혜와 평강으로 승리하며 주안에서 새로운 존재가 되게 하시고 기쁨으로 살아가게 하시니 감사합니다.

오늘 하나님의 말씀을 전해 주시는 목사님과 함께 하여 주시고 성령과 능력이 우리에게 임하게 하시니 감사합니다.

하나님의 나라와 의를 위해 살아가고 소망 가운데 승리하게 하시니 감사합니다.

나를 구원하여 주신 예수님의 이름으로 기도드립니다. 아멘!

2.

사랑의 하나님 아버지!

오늘 거룩한 주일에 ○○교회에 나와 예배드리게 하시니 감사합니다.

우리의 죄와 허물은 예수님의 피로 용서받게 하시고 하나님의 자녀로 살아가게 하시니 감사합니다.

우리들이 오직 성경 오직 은혜 오직 믿음으로 형통하고 승리하게 하시니 감사합니다.

오늘 하나님의 말씀을 전해 주시는 목사님과 함께 하여 주시고 말씀과 기도로 권능이 우리에게 임하게 하시니 감사합니다.

하나님의 나라와 의를 위해 살아가고 나라의 일꾼으로 강하게 지혜롭게 자라나게 하시니 감사합니다.

나를 구원하여 주신 예수님의 이름으로 기도드립니다. 아멘!


3.

사랑의 하나님 아버지!

오늘 ○○교회에 나와 예배드리게 하시니 감사합니다.

성령 충만한 교회학교 예배가 되게 하시니 감사합니다.

우리 교회에도 어린이들이 많이 모여지도록 능력을 더하여 주시니 감사합니다.

우리의 죄와 허물은 예수님의 피로 용서하여 주시고

하나님의 자녀답게 기쁘고 즐겁게 힘차게 생활하게 하시니 감사합니다.

하나님의 말씀을 전해 주시는 목사님과 함께 하여 주시고 우리들에게도 하나님의 권능이 임하게 하시니 감사합니다.

하나님의 나라와 의를 위해 살아가고 예수님처럼 건강하고 지혜롭고 사랑스럽게 자라나게 하시니 감사합니다.

나를 구원하여 주신 예수님의 이름으로 기도드립니다. 아멘!


그러므로 우리가 여호와를 알자 힘써 여호와를 알자 그의 나타나심은 새벽 빛같이 어김 없나니 비와 같이 땅을 적시는 늦은 비와 같이 우리에게 임하시리라 호세아 6장 3절

# 4. 목양 교사 훈련, 교인 훈련이다

💜 목양 교사 훈련이 무엇인가요?

목양 교사란?

양을 위하여 목숨을 버리는 교사입니다.

양을 위하여 생명을 거는 교사입니다.

### 1) 목양 교사의 반편성입니다.

목장을 나누듯이 초기 목양 교사 반편성은 학생들이 원하는 1순위, 2순위, 3순위로 나누되 초신자나 부모 없이 다니는 아이들을 우선순위로 목장(반)에 배정합니다.

주일학교 목장은 7살~고교생까지로 정합니다. 단 중학교 1학년부터는 목양 교사 자격을 허락합니다. 전에는 학년제로 운영하던 반편성을 이제는 전도하면 자기 반으로 편성하여 돌보며 가르치며 지키게 하는 목양 사역을 하는 것을 원칙으로 합니다.

## 2) 목양 교사는 기도하는 교사입니다.

하나님의 큰 능력을 공급받지 않으면 목양에 성공할 수 없습니다. 그러므로 새벽기도회나 금요철야기도회나 겟세마네기도회를 통해서 하나님께 기도해야 할 것입니다. 기도를 통해 어린이를 유혹하는 사탄의 강력한 진을 파하게 되고, 교사 자신들 또한 영적으로 무장하는 시간이 됩니다.

예수님도 사역을 전후해 늘 기도로 보내셨습니다. 기도가 우선이 되지 않으면 그 어떤 사역도 능력 있게 할 수 없고, 성령님의 도우심이 아니면 우리의 모든 수고가 허사라는 것을 목양 교사는 알아야 할 것입니다.

여리고 기도회는 매주 목요일 저녁에 어린이 목장별로 특별기도회를 전도의 대상의 학교에 가서 그 학교에 역사하는 악한 영이 떠나가고 전도의 문이 열리며 아이들이 하나님께 온전히 돌아올 수 있도록 운동장을 돌며 기도합니다. 단, 담임목사와 교장이 함께 하기를 요청한다면 여리고 기도회에 함께 참여할 수 있습니다.

## 3) 목양 교사는 전도를 실천해야 합니다.

전도하는 교사로 탈바꿈해야 합니다. 아이들이 학교에 가는 날에는 전도하기가 쉬우므로 목양 교사가 연합하여 연합작전 전도를 실천하는 것이 효과적입니다.

공식적인 전도일은 수요일 오전과 토요일 오전에 학교에 나가서 전도하는 사역입니다. 만나는 어린이에게 복음을 전하여 학교 앞 전도에 주력해야 할 것입니다. 또한 개인적으로나 타 목양 교사와 연합하여 전도해야 할 것입니다. 전도는 목양 교사의 생활이며 능력이 되어야 할 것입니다.

전도하지 않으면 믿지 않는 어린이들이 예수님을 들을 수도 없고, 믿을 수도 없기 때문입니다. 전도는 신앙생활의 활력과 역동적인 힘을 불러일으킵니다. 전도는 영적생활의 운동이므로 전도하는 자의 신앙이 강화됩니다.

### 4) 목양 교사는 예배를 중요시해야 합니다.

노는 토요일일지라도 어린이에게 주일예배를 내팽개치고 타지에 여행이나 방문하는 것을 삼갈 것을 교육합니다. 주일성수하는 것을 어릴 때부터 가르치지 않으면 미래의 신앙생활이 불투명합니다.

예배시간은 어린이 주일예배는 1부 오전 9시 15분, 2부 오후 통합예배를 2시에 드립니다.

예배순서는 어린이 목장 나눔과 삶 나눔 성구암송, 경배와 찬양, 설교, 중보기도, 찬양, 헌금, 광고 및 새 친구 소개, 폐회합니다.

특별히 목장모임에서는 지난주 설교말씀의 성구암송을 교사와 함께 모두 암송해야 합니다. 암송을 통하여 하나님의 말씀을 이해하고 그 말씀을 통하여 세상을 승리하는 힘이 생깁니다.

### 5) 목양 교사는 심방하는 교사입니다.

심방은 크게 전화 심방과 가정방문 심방으로 이루어집니다. 전화 심방은 거의 매일 하게 되고, 가정방문은 각 가정마다 3분정도 문 밖에서 이루어집니다.

심방을 통해 양육을 하며 양육은 1:1양육을 합니다. 양육 없는 심방은 모래 위에 짓는 집과 같기 때문에 모든 교사는 특별히 양육에 최선을 다해야 합니다.

심방시간은 특별하게 정해져 있지 않으나 토요일 가정방문 심방이 이루어지도록 합니다.


6) 스티커 제도를 실시합니다.

어린이들이 좀 더 교회에 관심을 가지고 전도에 힘쓰기 위한 하나의 도구입니다. 교회에 등록하면 모든 어린이들에게 스티커 통장을 나눠 줍니다. 주일날 출석은 1개, 모범은 2개, 암송은 2개, 전도는 15개의 스티커를 줍니다.

이렇게 모아진 스티커는 교회에서 제작한 상품권으로 바꿀 수 있으며, 다음에 교회 행사에 회비나 선교지 방문비용으로도 사용할 수 있습니다.

상품권 종류는 천 원, 이천 원, 삼천 원, 오천 원으로 정합니다. 이 상품권은 교회에서 문구점을 지정 계약해서 사용할 수 있도록 합니다. 이용 액수는 상품권 표시 금액만큼 이용이 가능하며 잔돈은 남겨 주지 않습니다. (총무가 2주마다 문구점과 결산할 수 있도록 합니다.)

나는 선한 목자라 선한목자는 양들을 위하여 목숨을 버리거니와 요한복음 10장 11절

## ❤ 교인훈련은 어떻게 해야 하나요?

교회학교만의 문제로 돌리지 말고 모든 성도가 나서서 안내와 정리, 주차 안내 등 봉사할 수 있도록 해야 합니다.

부장중심의 운영체계를 세워야 합니다. 교회학교 운영체계가 교역자가 하는 게 아니라 부장이 하는 것이 효과적일 때가 있습니다. 교육전도사는 몇 년 사역 하다가 다른 교회로 갑니다. 그러나 부장은 평생 교회를 섬깁니다. 이런 운영체계는 담임목사님의 철저한 관심과 소신이 전제 되어야 합니다. 교육전도사님은 영적인 일에 전문가가 되고 부장은 전체를 아우르는 일에 전문가가 되어야 교회학교 운영이 원할 해집니다. 부장은 책임을 맡은 사람으로서 더욱 기도에 힘쓰는 모습을 보여 줍니다.

교회에서는 교회학교를 위해

1) 예배훈련을 세웁니다.
예배드리는 훈련은 교회 임원들이 본을 보여 주어야 합니다.

2) 기도훈련을 세워야 합니다.
특별히 교회학교 어린이나 학생들을 위해 기도하는 후원자들이 되어야 합니다.

3) 물질훈련을 하도록 해야 합니다.
하나님의 일도 물질이 있어야 합니다. 물질을 자발적으로 사용하고 하나님께 받아 누리는 복을 간증합니다.

### 4) 차량 봉사훈련을 합니다.

교회학교를 위해 차량이 움직여야 합니다. 교회의 차량으로 한계가 있기 때문에 장로님, 권사님, 집사님의 자동차로 교회학교 어린이 학생들을 운송하는 봉사가 필요합니다.

이는 성도를 온전하게 하여 봉사의 일을 하게 하며 그리스도의 몸을 세우려 하심이라 에베소서 4장 12절

# 5. 가정과 협조해야 한다

💙 교회학교 가정은 어떠한가요?

기독교 교육의 3가지 축은 교회, 가정, 학교입니다. 이 말은 교육의 대상자인 아이들의 삶에 결정적인 영향을 주는 곳이 바로 교회, 가정, 학교라는 말입니다.

교회에서 배운 것이 가정과 학교에서 잘 실천이 되어야 합니다. 그런데 잘 이루지 못할 때가 많이 있습니다. 정기적으로 가정과 교회를 회복하는 일을 해야 합니다.

1) 부모님과 함께 드리는 예배.

어린이와 부모님들이 손에 손을 잡고 함께 앉아 손을 들고 찬양하고 말씀을 듣고 서로를 껴안고 기도하는 가운데서 가정의 회복을 볼 수 있습니다. 아이들은 엄마 아빠를 위해 기도하고 엄마 아빠 사랑으로 자녀를 위해 기도합니다.

2) 학부모님을 교육합니다. 자녀 교육 세미나.

정기적으로 학부모님을 위한 자녀교육 세미나를 개최하는 것입니다. 자녀교육에 대한 좋은 강연이 담긴 테이프를 부모님께 보내 주고 자녀의 신앙 교육에 관한 좋은 자료를 부모님께 보내 드려서 집에서나 차 안에서 틈틈이 듣도록 하는 것이 좋습니다.

3) 자녀와 함께 하는 QT가 세대 간의 벽을 허뭅니다.

먼저 부모님에게 자녀와 함께 말씀을 나누는 것이 얼마나 소중한지 알려주고 자녀와 함께 QT를 나누고 서로 받은 은혜를 이야기합니다. 자녀는 부모님이 자기에게 얼마나 깊은 애정과 관심을 두고 있는지 새삼스레 깨닫게 되고 부모님도 자녀들이 부모님을 얼마나 사랑하고 싶어 하는지, 얼마나 존경하고 있는지 알게 됩니다.

가정 예배 순서
① 찬양 부르기(1분)
② 오늘의 큐티 본문, 가족이 돌아가면서 읽기(1분)
③ 큐티하기(5분)
④ 큐티 말씀 나누기(10분)
⑤ 가장의 말씀 정리(5분)
⑥ 가족이 돌아가면서 마침 기도(1분)
⑦ 주기도문(1분)

주의사항 – 가족에게, 특히 자녀들에게 예배가 지루하고 힘든 것이라고 인식시키지 않도록 조심해야 합니다. 예배가 끝난 후, 어머니께서 맛있는 음식을 해 주신다거나, 가족이 같이 신나는 찬양을 들으며 춤을 추는 것도 예배를 기쁘게 드리게 할 좋은 방법일 것입니다.

> 누구든지 하나님의 뜻대로 행하는 자는 내 형제요 자매요 어머니이니라
> 마가복음 3장 35절

### 👀 자녀가 노엽지 않게 양육하는 이유가 무엇인가요?

사도 바울의 자녀 양육에 대한 첫 번째 메시지입니다. 감정적으로 자녀를 다루지 말라는 것입니다.

자녀를 노엽지 않게 하려면,

#### 1) 인격적으로 존중해야 합니다.

하나님 안에서 자녀를 바라보고 자녀를 하나님 안에서 인격적으로 대해야 합니다. 자녀가 아무리 어려도 인격적으로 대해야 합니다.

특별히 언어폭력을 조심해야 합니다. 우리 자녀를 현재 상태로 바라보지 말고 하나님께서 빚어주실 변화된 모습을 기대하며 기도하고 기다려주는 것입니다.

어떤 부모는 아이가 어려도 존댓말을 써 줍니다. 굉장히 좋은 거 같습니다. 우리는 아이의 인격을 존중해야 합니다. 아이들은 어른의 반쪽이 아니라 온전한 인격을 가지고 있습니다. 그래서 인격으로 존중해주는 것이 아이를 귀중하게 대하는 것입니다.

## 2) 사랑으로 징계해야 합니다.

노엽게 여기지 말라는 것이 징계하지 말라는 것은 아닙니다. 성경은 징계를 강조하고 체벌을 허용하고 있습니다. 지혜롭고 분별이 있는 자녀로 키우기 위해서는 징계를 할 수 있어야 합니다.

징계의 목적이 무엇입니까?

옳은 대로 이끌고 하나님께로 이끌고 믿음의 백성으로 살 수 있도록 이끌기 위해서 지혜로운 징계를 하는 것이 자녀를 참되게 사랑하는 것입니다.

## 3) 현재 상태를 인정해야 합니다.

자녀를 노엽게 하지 말라는 말씀 안에는 그 아이의 현재 상태를 인정해 주는 겁니다. 아이들은 비교당할 때 쉽게 분노합니다. 비교를 아주 싫어합니다. 자녀의 현재 상태를 인정해 주는 것은 비교하지 않는 것을 말합니다.

예수 그리스도의 '성육신'은 기독교 복음의 핵심입니다. 하나님이 인간의 몸을 입고 오셨다는 것입니다. 이유는 우리와 소통하시기 위해서 그렇게 하신 것입니다. 하나님이 하나님으로 계시면 우리와 소통이 잘 안 되는 겁니다.

그래서 하나님이 인간이 되시고 이 땅에 오시고 연약한 모습을 가지고 십자가를 지셨던 것을 통해서 우리 안에서 함께 교감하시고 우리와 공감하시고 우리와 소통해 주신 것입니다.

부모님들도 내 아이의 시선으로 눈높이를 맞추는 노력을 할 수 있어야 합니다.

### 4) 주의 교훈과 훈계로 양육해야 합니다.

자녀교육의 초점은 신앙을 심어 주는 것입니다. 하나님이 기뻐하시는 자녀가 되게 하는 것입니다. 하나님의 말씀으로 하나님의 자녀로 키우는 것입니다. 부모님의 역할이 무엇입니까? 세상의 부모와 본질적으로 다른 것이 성도는 영적인 부모가 될 수 있다는 것입니다.

이런 관점에서 교회 교육도 열심히 하지만 부모의 역할을 대신할 수 있는 것은 아무것도 없습니다. 다른 모든 교육들은 부수적인 것입니다. 신앙교육의 핵심은 가정에서의 교육입니다. 교회도 역할이 있지만 부모가 하는 것이 자녀 신앙 전수의 핵심입니다.

부모의 역할 중에 중요한 것은 말보다 삶으로 가르치는 겁니다. 말보다 보여주는 것으로 자녀들이 따라 옵니다. 부모가 먼저 하나님을 잘 믿어야 합니다. 아이들은 내 부모가 하나님을 진짜 믿는지 안 믿는지, 믿는 척 하는지 너무 잘 압니다.

오늘 우리가 교회 다니는 것보다, 우리 자녀에게 우리 모습이 어떻게 비추어지는지를 점검해야 합니다. 부모의 위선이 자녀에게 믿음의 대를 끊어 버리게 할 수 있기 때문입니다. 믿음의 후대를 키우는 신앙 전수의 목적은 '영혼 구원하여 제자 삼는 것'입니다.

왜? 이렇게 주의 교양과 훈계로 양육을 해야 하느냐 할 때, 그 목적은 영혼 구원을 위함입니다. 너무나 소중한 자녀의 영혼 구원을 위해 신앙 전수에 성공해야 합니다. 채찍으로 때려서라도 놓치지 말아야 할 것은 아이의 영혼을 위해서입니다. 징계가 목적이 아니라 영혼 구원을 위해서입니다. 아무리 세상적으로 성공해도 영혼이 구원받지 못하면 어떻게 성공이라고 얘기할 수가 있겠습니까?

우리는 자녀에게 무슨 유산을 물려주기를 원하십니까? 신앙의 유산을 물려주어야 합니다. 내 믿음이 자녀에게 계승될 수 있게 해야 합니다. 내가 믿는 하나님이 나의 자녀가 믿는 하나님이 될 수 있게 해야 합니다. 아브라함의 하나님이 이삭의 하나님, 야곱의 하나님, 요셉의 하나님이 되셨습니다.

오늘 우리는 개인적으로도, 교회적으로도, 가정적으로도 믿음의 후대를 키우는 신앙 전수가 최고의 이슈입니다. 다음 세대 신앙 전수가 오늘날 어떤 교회, 어디에 있는 교회든지 최고의 이슈입니다.

또 아비들아 너희 자녀를 노엽게 하지 말고 오직 주의 교훈과 훈계로 양육하라 에베소서 6장 4절

## 6. 교육전문가를 세워야 한다

💙 교육전문가를 세워야 할 이유는 무엇인가요?

교회 교육은 교회 전체의 관심이며 전 회중의 교육입니다. 예배-
교육-친교-봉사-선교는 전 회중의 신앙적 성장과 공동체 형성을
위한 교육적 행위입니다.

교회 교육은 모든 인간들에게 베푸는 예수 그리스도와의 만남에
의 초청이며 동시에 이 초청에 응답하고 나선 이들에게는 삶의 전 과
정에서 예수 그리스도의 구원을 증거 하는 증언자가 되는 제자직에
로의 초청인 것입니다.

교회학교를 교회의 한 부서로만 생각하지 말고 교회 교육을 전 회
중 대상으로 교육목회를 하도록 해야 합니다.

교육목사님은 어린이부터 성인에 이르기까지의 교회 전 회중이
성숙한 신앙성장을 할 수 있도록 교육하고, 중간 지도자를 발굴하여
지도력과 전문성을 개발하는 교육을 담당하고 전문적인 교육프로그

램 개발, 모든 교육 분야를 일체 담당해야 합니다.

교육 조직은 크게 교회학교부, 지도자 양성부, 평생교육부, 자료관리부를 둡니다.

교회학교부는 어린이 교육, 청소년 교육, 청년 교육, 성인 교육을 두어 지속적이고 필수적인 교육을 실시하고, 지도자 양성부는 임원 교육, 속회지도자 교육, 선교 교육, 교사 교육을 두어 교회 교육의 전문성을 개발합니다. 평생회원 교육, 간세대 교육, 가정 교육, 사회 교육을 두어 선택적이고 단속적인 교육을 실시합니다.

자료관리부는 교육자료, 문헌자료, 시청각자료를 두고 자료실을 운영해야 합니다.


교회를 개척하여 지금까지 담임목회하면서 교회는 사람이 중요하다는 것을 느낍니다. 한 사람이라도 있으면 예배가 가능하고 한 사람의 교회학교 교사가 있어도 교회학교가 더 효과적으로 할 수 있습니다.

매일 전도하면서도 전도하러 나갈 때 함께 전도하러 나가는 사람이 있으면 얼마나 좋을까 할 때가 있습니다.


교회 교육은 교육 전문가가 하는 것이 좋습니다. 교회 교육을 단순히 교회학교에만 두지 말고 성인교육도 함께 하면서 교회학교와 성인이 연계하는 것은 중요합니다. 특히 간세대 교육은 신앙공동체 안에서 성장세대, 기성세대, 노인세대가 함께 참여할 수 있는 교육입니다.

성경 읽기, 가족 예배, 전교인 야외예배, 총동원 주일, 가족캠프,

가족 찬양대회, 가족기도회, 간증시간, 체육대회, 선교 영화, 애찬식, 여가, 취미반 운영, 직업교육, 근로 청소년교육, 가정생활세미나 교육, 환경교육.

교육 자료는 성서, 성서주석, 지도, 신학서적 등.
문헌 자료는 교육행사의 보관, 교육행정의 자료 등.
시청각 자료는 설교자료, 칠판, 융판, 환등기 등.

무엇보다도 자료를 잘 보관하고 관리할 수 있는 자료실이 필요합니다.

여호와의 궤가 가드 사람 오벧에돔의 집에 석 달을 있었는데 여호와께서 오벧에돔과 그의 온 집에 복을 주시니라 사무엘하 6장 11절

## 🖤 교육전도사님은 무엇을 해야 합니까?

### 1) 교육전도사는 하나님이 부르셨습니다.

하나님께서 나를 하나님의 사역자로 부르셨다는 확신을 가져야 합니다. 하나님께서 나를 교육전도사로 부르시고 하나님의 일을 맡기셨다고 확신해야 합니다.

### 2) 교육전도사는 하나님과 관계가 중요합니다.

하나님과 깊은 만남이 제일 중요합니다. 하나님께서 나를 사명자로 부르시고 나를 사용하신다는 것을 알고 하나님과 깊은 만남을 가

지고 있어야 합니다.

### 3) 교육전도사는 성경에 전문가가 되어야 합니다.

성경만큼은 잘 알고 있어야 합니다. 성경 역사적 배경을 잘 살펴 보고 성경이 말하고자 하는 것이 무엇인지를 알고, 오늘 나에게는 어 떤 의미가 있는가를 살펴 보아야 합니다.

### 4) 교육전도사는 통성으로 기도하고 기도훈련을 시킬 전문가가 되 어야 합니다.

하나님의 일은 인간의 노력으로 되지 않습니다. 하나님의 은혜가 있어야 하고 하나님의 능력이 함께 해야 합니다. 기도하는 일에 힘써 야 합니다. 섬기는 교회와 담임목사님과 장로님들을 위해 기도해야 합니다. 교회학교 부장 선생님과 교회학교 교사를 위해 기도해야 합 니다. 자기가 맡은 부서 어린이나 학생, 청년을 위해 기도해야 합니 다. 기도하면 할수록 하나님의 능력이 나타납니다.

### 5) 교육전도사는 교사 관리를 잘하면 됩니다.

교육전도사는 교회학교 교사의 영적 상태나 생활 상태를 알고 있 어야 합니다. 교육전도사는 '교회학교가, 교회학교 교사가 어떻게 하 느냐'에 따라 많이 달라질 수 있습니다.

교육전도사는 절대로 부장 선생님이나, 교회학교 교사와 싸우지 말아야 합니다. 맡고 있는 부서에 있는 어린이나 학생, 청년과도 싸 우지 말아야 합니다. 혹 부장 선생님과 대립된 일이 있거든 교육전도 사가 하고 싶은 일을 포기하고 다음에 추진하는 것이 좋습니다. 교육전도사와 부장 혹 교육전도사와 교회학교 교사 대립은 교회학교를 원만하게 이끌어 가기가 힘듭니다.

### 6) 교육전도사는 설교 잘하면 됩니다.

교육전도사가 설교를 잘해야 합니다. 설교를 못하면 교회학교 교사나 어린이, 학생, 청년들의 영적 생태를 엉망으로 만들어 갑니다. 설교를 잘 하기 위해 피눈물 나게 노력하고 기도하고 연습해야 합니다.

설교를 잘하려면 성경본문을 많이 읽고 하나님께서 내게 주신 메시지가 무엇인가를 찾고, 설교원고 준비 잘하고, 거기에 필요한 PPT 자료를 잘 준비해야 합니다. 설교할 때는 하나님과 설교 듣는 대상을 생각하고 은혜롭고 재미있게 하면 됩니다.

### 7) 교육전도사는 맡은 부서를 부흥시켜야 합니다.

교육전도사가 맡은 부서를 부흥시키지 못하면 교회에 주는 사례금이 아깝습니다. 교육전도사는 밥값을 해야 합니다. 교회학교에 교육전도사가 있고 없고 차이를 분명히 할 수 있어야 합니다.

교육전도사를 세웠는데 교회학교에 아무런 변화가 없다면 교육전도사가 왜 필요합니까? 설교할 사람이 없어 설교하는 것인가요? 교육전도사는 자기에게 맡겨진 부서를 부흥 성장시켜야 할 책임이 있습니다. 이 일을 위해 힘써야 합니다. 책임감을 가지고 사역해야 합니다.

어느 전도사님이 고백합니다.

"7번은 조금 ㅜㅜ

안 될 수도 있는데 요즘처럼

코로나19 시기는 정말

교회 부흥 안 되는 외적 요인들이 너무 많아요.

파트전도사 받는 사례도 적은데

밥값은 넘해용 ㅜㅜ

7번 빼고는 다 동의합니다.

저는 정말 솔직하게 이야기하지요?ㅎㅎ"


제가 답했습니다.


"7번 때문에 교육전도사가 있는 것입니다."


교육전도사가 교육부 일만 하는 것이 아니라 교회에서 일어나는 일에도 참여해야 한다는 것입니다. 주일 낮 예배에 필요한 음향, 영상, PPT 자료. 때로는 운전, 수요예배, 금요예배 참석하는데 교회에서 주는 사례는 너무나도 부족하여 십일조 내고 나면 어떻게 생활을 해야 할지? 더군다나 신학대학이나 신학대학원에서 과제가 있기에 공부도 해야 하는데 때로는 교회 행사에 참석해야 하기에 학교 수업을 빼고 교회 행사에 참석해야 한다는 것입니다.

교육전도사가 사명으로 해야 할 일이지만 교육전도사가 기쁨으로 일할 수 있도록 충분한 사례를 드려야 합니다. 그러니까 요즘 서울에 있는 교회에서도 교육 전도사를 구하기가 어렵다고 말합니다. 교육전도사 하는 것보다 필요한 시간에 아르바이트하는 것이 더 낫다고 말합니다.

교회 일에는 헌신과 희생이 따르는데 요즘 젊은 사역자들이 일하는 만큼 대우 받기를 원합니다. 아르바이트는 정확히 일하는 만큼 돈이 나옵니다. 교육전도사가 맡은 부서에서 책임감이 있게 일하도록 인적, 물적 자원을 충분히 주어야 합니다.

그러나 내가 나 된 것은 하나님의 은혜로 된 것이니 내게 주신 그의 은혜가 헛되지 아니하여 내가 모든 사도보다 더 많이 수고하였으나 내가 한 것이 아니요 오직 나와 함께 하신 하나님의 은혜로라 고린도전서 15장 10절

# 7. 이제라도 교회는 어린이들을 챙겨야 한다

💜 어린이 부서가 왜 중요한가요?

교회학교 유치부가 잘 자라야 어린이부가 잘 자라나고 어린이부가 잘되어야 청소년부가 잘되고 청소년부가 잘되어야 청년부가 잘되는 법입니다. 그러니 어린이 부서가 든든하게 서야 합니다.

어린이를 사랑하는 만큼 변화되는 것입니다. 감동 없이 어린이를 변화시킬 수 없습니다. 감동은 스승이 손수 제자의 더러운 곳을 씻어 주고 감싸주고 닦아 주는 데서 시작됩니다.

어린이들의 마음을 만져 주어야 합니다. 교회학교 교사는 어린이들의 영적인 생명을 책임지고 있는 지도자입니다. 어린이를 위한 지도자는 조그만 죄를 놓고도 깊이 탄식할 수 있는 깊은 영성을 갖추어야 합니다. 하나님의 부르심에 언제라도 생명을 내어놓을 수 있는 헌신의 준비가 되어 있어야 합니다.

어린이들이 세상을 가슴에 품을 수 있도록 축복해 주어야 합니다. 비록 네가 지금은 나약하고 볼품없지만 하나님은 어린이를 향한 위대한 계획을 가지고 계시다는 것을 가르쳐 주어야 합니다. 꿈이 어린이들을 자라게 합니다. 꿈은 고난을 이기게 합니다.

이제라도 교회는 어린이들을 챙겨야 합니다. 제자 훈련은 삶이 변하는 훈련이고, 생각을 바꾸는 훈련이고, 습관을 바꾸는 훈련입니다. 예수님의 제자다운 인생을 살도록 도와주는 훈련이고, 말씀을 배우는 목적은 삶이 변하기 위해서입니다.

어린이들로 하여금 중보기도훈련을 통해 세계를 품게 하고 전도 현장에 투입하여 영혼사랑, 영혼구원에 동참하도록 해야 합니다.

예수는 지혜와 키가 자라가며 하나님과 사람에게 더욱 사랑스러워 가시더라 누가복음 2장 52절

## 🖤 어린이가 성경암송하는 것이 중요한가요?

저는 초등학교 때 성경암송구절을 외웠습니다. 그때 외운 말씀이 내게 큰 힘이 됩니다. 지금도 매일 테필린 복음을 선포하고 있습니다.
구원말씀 100절, 헌신말씀 100절,
신앙계승 100절, 축복말씀 100절.

테필린 복음을 선포하고 암송하게 되면
1) 성도들에게 구원의 확신을 갖게 합니다.

2) 성도들의 믿음의 성장을 가져 옵니다.

3) 질병들이 치유되는 역사가 나타납니다.

4) 성도들이 전도의 용사가 됩니다.

5) 성도들의 나쁜 습관들이 사라지게 됩니다.

6) 성도들의 기도가 응답을 받게 됩니다.

7) 교회에 생기가 돌고 활력이 넘치게 됩니다.

8) 교회에 전도의 열매가 나타나고 성장 및 부흥하게 됩니다.

9) 하나님의 축복이 임하게 됩니다.

10) 성경암송을 하면 집중력, 기억력, 해석력이 최고 100배까지 향상됩니다.


성경암송을 하게 되면

1) 말씀을 통해 하나님을 경외하는 방법을 배우게 됩니다.

2) 성품이 좋아 훌륭한 인격을 가진 매력적인 사람이 됩니다.

3) 내가 아는 것과 모르는 것을 분별할 수 있는 능력이 생깁니다.

4) 공부를 잘하게 됩니다.

5) 성경암송을 하면서 두뇌가 열리며 집중력, 기억력, 회복력이 최대 100배까지 늘어납니다.


성경암송하면서 더 깊은 성경의 진의를 이해할 수 있습니다.

한국 교회가 힘들고 어렵다고 합니다. 한국교회가 신앙 계승하고 이어가는 길은 성경암송에 있습니다.

성경암송이 우리에게 믿음이 자라나게 하고 다음 세대에도 이어 갈 수 있게 합니다. 문제는 성경암송을 하지 않는 데 있습니다.

예수님께서 마귀의 유혹을 암송된 하나님의 말씀으로 이기셨습니다.

하나님의 말씀이 마귀의 시험을 이깁니다.

하나님의 말씀으로 승리합니다.


예수께서 대답하여 이르시되 기록되었으되 사람이 떡으로만 살 것이 아니요 하나님의 입으로부터 나오는 모든 말씀으로 살 것이라 하였느니라 하시니 마태복음 4장 4절

# 교육목회관점에서
# 교회학교를 하라

# 1. 현장에서 교회학교 전도해 봤다

💜 전도를 언제부터 하셨나요?

저는 2012년 3월 17일(토)부터 전도하였습니다. 주일을 제외하고 매일 전도하러 나갔습니다. 지금 코로나19로 인해 한 곳에 서서 전도하지 못하고 동네를 돌아다니면서 전도하고 있습니다. 오늘도 전도하고 왔습니다.

처음에 전도할 때는 초등학생과 중학생, 고등학생이었습니다. 전도해서 초등학생들, 중학생들이 교회에 오기 시작하였습니다. 지난 9년 동안 전도하면서 하나님께서 나에게 주신 복은 이렇습니다.

1) 전도할 사람을 만났습니다.
2) 아프리카에다 교회 건축하였습니다.
3) 자녀가 잘되어 가고 있습니다.
4) 전도해봤어! 책을 출판하였습니다.

5) 승리교회 건물을 매입하였습니다.

6) 선교비가 들어옵니다.

7) 집사님께서 집을 사셨습니다.

8) 극동방송 전도 주강사가 되었습니다.

9) 다른 교회에 강사로 초청받았습니다.

10) 모든 예배를 잘 드리게 되었습니다.

전도하면서 하나님의 복을 받아 누리고 있습니다. 매일 전도하고 있지만 전도 열매는 쉽지 않습니다. 전도 열매가 거의 없는데도 매일 전도하러 나갈 수 있는 은혜를 주셔서 감사합니다.

매일 전도하면서 주시는 구원이 있습니다.

1) 죄 사함을 받았습니다.

2) 하나님의 자녀가 되었습니다.

3) 천국갑니다.

4) 평안합니다.

5) 감사합니다.

전도하면서 나에게 준 구원이 감사하고 고맙습니다.

하나님은 모든 사람이 구원을 받으며 진리를 아는 데에 이르기를 원하시느니라 디모데전서 2장 4절

💕 어린이 전도 잘하는 비결이 무엇이 있나요?

20년 동안 교회학교 어린이, 중등부, 고등부 학생을 전도하고 있는 예수 마음교회 김성기 목사님의 전도 이야기를 하려고 합니다. 김성기 목사님의 전도는 SISTER 전도법입니다.

SISTER 전도법이란 'Sports운동' 'Invitation초대' 'School학교' 'Telephone전화' 'Education교육' 'Reward보상'라는 6개 방식을 통해 전도하는 방법을 일컫는 말입니다.

전도법의 핵심이 되는 'Sports운동 전도'는 쉽게 말해 아이들과 놀면서 전도하는 방법입니다.
유치부와 아동부는 달리기, 높이뛰기, 줄넘기, 중고등부와 청년부는 축구, 농구, 야구 등을 하는 동안 평소 특별한 즐길 거리를 찾지 못한 아이들은 자연스럽게 교회학교의 일원이 되어 예수님을 영접할 기회를 갖습니다.

Invitation초대 전도는 교회 레크레이션이나 인형극 등에 아이들을 초청해서 전도하는 방법입니다.
유의할 점은 아이들이 좋아하는 음식(예: 피자)이나 선물을 제공해야 한다는 점입니다. 이 방법은 장기 결석자에게 유용합니다.

School학교 전도는 1시간에 수천 명도 만날 수 있습니다.
유치부는 유치원 프로그램의 지원을 받아 하는 것이 좋고, 아동부는 등하교 길에 전도하거나 소풍, 체육대회 입학 및 졸업식에 방문해서 전도하는 것이 효과적입니다. 중·고등부는 등하교길 전도방법이 좋습니다. 이는 새 신자들과 장기 결석자들을 관리하는 데 좋습니다.

Telephone전화 전도는 전화 심방이라고도 합니다.

생일 축하, 예배 출석 권면, 안부전화로 따뜻한 말과 칭찬을 해 줘야 합니다. 전화통화가 안된다면 문자메시지를 날려주는 센스도 필요합니다.

Education학습 전도는 학습전도입니다.

이 방법은 다른 전도방법보다 시간과 물질 등을 더 많이 투자해야 합니다. 영어교실, 음악교실, 매직교실, 스포츠교실, 논술, 수학교실, 과학교실 등이 좋은 예들입니다.

Reward보상 전도는 칭찬을 해주는 전도입니다.

케네스 블랜 차드가 지은 『칭찬은 고래도 춤추게 한다』는 책의 제목처럼 칭찬은 말로 설명할 수 없는 큰 힘이 있습니다. 아이들이 관계전도를 해오면 잘했다고 칭찬하거나 상을 주면 몇 개월 후 그 아이들은 전도 왕이 돼 있을 것입니다. 4월, 10월, 12월에 전도 상을 시상하면 효과는 더욱 크게 나타납니다. 그밖에 성적 향상상, 재능 향상상을 만들어 수여하면 시너지 효과를 누릴 수 있습니다.

교회학교성장연구소장이며 은혜캠프 주강사님이신 박연훈 목사님께서는 학교 앞 전도를 하며 최근 6년간 교육목회의 최전선에 서 있었습니다. 학교 앞에 나가 전도를 한 초등학교 수를 헤아려 보니 33개 학교, 매일 아침 8:00~8:50까지 거의 5년 동안 초등학교 앞에서 어린이들을 직접 만나 왔습니다.

다양한 한국 교회학교의 현장과 열정으로 섬기는 교사들의 애절한 섬김, 정말 최선을 다하는 교육전담 목회자들, 최근에는 남은 목회기간을 다음 세대에 걸겠다고 팔을 걷어 부친 담임목사님들의 결의에 찬 모습까지 목도하였습니다.

박연훈 목사님께서 『교회학교 뉴 패러다임 J-DNA』 책을 출판하면서 사역의 현장에서 건져낸 패러다임 쉬프트 매뉴얼입니다.

뉴 패러다임의 새 목적지는 예수님 닮기 J-DNA

1. 사명에 죽고, 사명에 사는 교사
2. 부흥이 시작되는 조직력, 부장 시스템
3. 교회는 무학년제
4. 하나님의 임재를 맛보는 지성소 찬양
5. 축제로 드려지는 예배
6. 소통으로 부흥이 일어나는 반 운영
7. 생명이 약동하는 설교
8. 진정성이 전달되는 학교 앞 전도
9. 찬스 축제 로드맵
10. 새 친구 정착 컨트롤타워
11. 교사 네트워크 기도회
12. 마가 다락방의 재현

풍선아트로 학교 앞에 나가 전도하고 있는 "함께하는 교회" 김은겸 목사님이 계십니다. 김 목사님은 외양간 교회 전교생 67명 중 43명을 전도하셨고 포항에서 아동부, 중고등부 3배 부흥을 경험하셨습니다. 지자 훈련으로 30~40% 정착시키셨습니다. 김 목사님은 비가 오나 눈이 오나 학교 앞 전도에 최선을 다 하셨습니다.


1) 무조건 나가라.

2) 꾸준히 그 자리에 같은 모습으로 서라.

3) 교회 나오는 친구들을 먼저 챙겨라.

4) 지난 주 새로운 친구들은 전화번호보다 이름을 먼저 외워라.

5) 학교 앞 지킴이. - 김 목사님은 캐릭터 복장을 하고 가니까 그분들이 경계를 하지 않고 오히려 긍정적으로 대해 주십니다. 작은 간식을 드리며 인사를 하며 친하게 지냅니다.

6) 전화번호와 이름? - 어린이가 알려 주는 폰 번호는 가짜 일 수 있어요. 어린이가 알려 주는 폰 번호를 그 자리에서 눌려 보면 됩니다. 어린이 폰 번호는 너무 알려고 하지 마세요. 잘못하면 그 부모님이 경찰에 신고하는 경우를 봤습니다. 중학생 이상 폰 번호는 알아도 됩니다. 중학생 이상 폰 번호는 신고 받은 것이 없습니다.

7) 조급한 마음을 버리라.

8) 100:20:1을 기억하라. - 어린이들이 교회에 100명이 오겠다고 하면 20명이 오는 것인데 실재로 교회에 오는 친구는 1명에 불과하다는 것을 기억해야 합니다. 낙심하지 말라. 오히려 그게 정상이라고 생각합니다.

전도에 미쳐라.

전도가 하나님의 소원임을 알아라.

내가 사는 목적이 전도임을 고백하라.

전도는 성령의 능력으로만 가능하다.

전도는 지속성이 중요하다.

때가 된 사람은 예수님을 믿는다. 옥토에 전도하라.

지금도 교회학교를 살리기 위해 전도하고 있는 교회학교 교사들이 있습니다. 상황이 힘들고 어려워도 전도해야 교회학교가 살 수 있다고 전도하는 현장에 나가는 교회학교 교사를 축복합니다.

씨 뿌리는 대로 거둡니다.

> 살리는 것은 영이니 육은 무익하니라 내가 너희에게 이른 말은 영이요 생명이라 요한복음 6장 63절

## 2. 교회학교가 부흥하는 교회를 보라

🍎 교회학교가 부흥하는 교회의 특징이 무엇이 있나요?

### 1) 광림교회

광림교회 교회학교 교육의 기초는 담임목사의 목회 철학이 있었습니다. 기도의 생활, 규칙적인 성서 연구, 영감 넘치는 예배, 소그룹 운동, 전적인 헌신, 치유목회, 목회자를 돕는 배우자의 역할, 심방 등입니다. 광림교회학교는 세 가지 꿈을 믿음의 실상으로 바라보면서 교육하고 있습니다.

(1) (복음의 말씀)으로 훈련

2) 어려서부터 다니엘 처럼(기도의 능력)으로 무장

3) (그리스도의 제자)로서 헌신하도록 준비

광림교회학교 Vision Land 성장을 위한 십계명

① 교역자가 (한 알의 밀알)이 되라(요 12:24)

② 늘 깨어 유기적으로 교통하라(마 14:27)

　광림교회학교에서는 텔레비_televi_사역을 강조합니다. 전화 _telephone_, 편지_letter_, 심방_visit_을 통해 교사와 학생은 항상 연결되어 있습니다.

③ 주일 집회에 (성공)하라(히 10:25)

④ 절기 행사를 갱신하라(사 1:12-17)

⑤ 제자를 사도로서 (훈련)하라(행 1:8)

⑥ 주기적으로 (전도)하라(딤후 4:2)

⑦ 교사를 (재무장)하라(딤후 1:6)

⑧ 학부모를 (동역자)로 삼으라(빌 4:14)

⑨ 인터넷에 그물을 내리라(눅 5:4)

⑩ 재정을 투명하게 활용하라(눅 16:10-13)

## 2) 지구촌교회 아동부

　지구촌 교회는 분명히 어린이들이 모일 수밖에 없는 탁월한 그 무엇이 있습니다. 무엇보다도 어린이들을 위해서 불꽃같은 (열정 )과 젊음을 태우는 (사역자 )들과 다음 세대의 (비전)을 보며 오늘도 최선을 다하여 나무를 심는 수많은 교사가 있기에 하나님이 감당할 만한 어린이들을 보내 주신다고 믿고 있습니다.

(1) 어린이 교회 학교

지구촌교회 어린이 사역에서는 교회학교라는 용어를 폐지하고 어린이 무지개 마을, 어린이 성경 마을이라는 호칭을 채택하여 사용하고 있습니다. 그리고 여름 성경학교, 역시 여름 축제라는 용어로 사용하고 있습니다.

(2) 어린이 예배실의 장의자

(3) 어린이 예배실의 예배단과 강단


3) 대구 달서교회 소년부

(1) 겨자씨 한 알을 클릭하라.

작은 씨앗에 예수 그리스도의 (생명 )만 있다면 반드시 자란다는 것입니다.

(2) 한 알의 밀을 클릭하라.

한 알의 밀인 교사들에게 클릭하라! 진정한 교사를 만드는 것은 (기도의 힘)입니다.

(3) (창의력 )에 접속하라.

어린이 눈높이로 예배를 드립니다.

(4) 하나님께 접속하라.(렘 29:10-24)


4) 대전 대흥침례교회 아동부

(1) 거의 모든 사역자가 본 교회에서 자란 사역자로 일한다는 점입니다.

2) 교육의 현장을 바꿨습니다.

예배, 분반공부, 지역현장을 바꿨습니다. 교사들이 직접 어린이를 찾아 나서는 방법으로 어린이 구역제를 실시하였습니다. 한 달에 한번 총동원 주일을 갖고 반별로 전도 전략을 세워 전도를 합니다.

## 5) 대전 새로남교회 아동부
교육위원회 사역
(1) 교사 대학: 매년 봄과 가을에 걸쳐 두 번의 교사 대학을 실시합니다. 8주간 정도 합니다.
(2) 교육 자료실 운영.
(3) 인터넷 사역.
(4) 교사 주일 행사 : 수고한 교사들에게 부부가 함께 볼 수 있는 티켓을 준비합니다.

* 봄, 가을에 있는 가정 심방 프로그램과 학교 탐방이 있습니다.
* 생일 파티에 온 정성을 쏟습니다. 금, 토요일은 데코레이션으로 준비하며, 생일 선물은 학용품 대신 미니 선인장, 청거북이, 선글라스 등 어린이 눈높이에 맞는 선물을 줍니다.
* 큐티반과 특별 활동팀을 운영합니다.
* 부모님을 동역자로 여기라. 1년에 20통 정도의 공식적인 편지를 각 학부모에게 보냅니다.

## 6) 부천 성만교회 아동부
(1) 아동부 사역에서 가장 중요한 것은 헌신된 교사입니다.
(2) 예배는 전통적이기보다 창의적이고 현실적입니다.

아동부 운영

(1) 분반을 파괴합니다.

　　학년제가 아니라 연령을 초월한 학급 편성을 하였습니다.

(2) 교회 밖에서의 만남을 가져라.

(3) 새벽 기도회를 하나님과 함께하는 멋진 추억의 기회로 삼으라.

(4) 성장의 분위기를 만들라.

(5) 좋은 추억 거리를 많이 만들어 주어라.

(6) 새 소식반 운영.

(7) 장기적인 계획을 수립하라.


7) 사랑의 교회 아동부

(1) 아이들이 참여 하는 예배.

(2) 예배를 준비하는 선생님.

　　사랑의 교회는 예배를 철저하게 준비합니다. 예배를 리허설
　　할 정도로 철저하게 준비합니다. 사랑의 교회 주일학교 예배
　　는 특이한 것이 하나 있습니다. 그것은 바로 교역자와 예배
　　팀원들이 만드는 "예배 시나리오"입니다. 이것은 예배가 철
　　저히 준비되고 디자인된다는 사실을 보여 줍니다.

(3) 아이들을 끌어 들이는 행사 : 제자 훈련을 통하여 사역의 (동
　　역자)로 삼는 것입니다.

(4) (부모님)을 교회 교육의 틀 안으로 가정을 교회 교육과 연결
　　시키기 위하여 연 2회 교육 위원회의 이름으로 자녀 교육 세
　　미나를 개최합니다.

8) 소망교회 아동부

(1) 전문성의 추구.

교육의 전문성 회복은 (교사 영성)과 관리, 교육방법의 전환, 교회
와 (가정의)협력, 교육 행정의 (전산화) 등입니다.

(2) 교사의 (전문적) 양성과 철저한 교사 관리.

(3) 가정과 함께 하는 신앙교육 : 성경읽기, 개인기도, 신앙읽기

(4) 교회학교의 운영의 특징적인 사항과 강조 사항

경건예배 : 전통적인 예배 고수


9) 온누리교회 꿈이 자라는 땅

온누리교회는 사도행전의 바로 그 교회를 세워 나가기 위해 끊임
없이 변화를 시도하는 교회입니다.


사역 철학

(1) 비전

① 어린이들에게도 복음이 전해져야 한다는 것입니다.

② 어린이들에게 복음을 전하는 일에 가장 쓰임 받아야 할 존재는
바로 어린이들 자신이라는 것입니다.

③ 이러한 비전을 이루기 위해서는 팀 사역과 은사 사역이 이루어
져야 한다는 것입니다.


(2) 사명

① 하나님의 (화목)

② 성령 안에서 드리는 (예배)

③ (선교)하는 일

④ (가정)을 섬기는 일

이르되 주 예수를 믿으라 그리하면 너와 네 집이 구원을 받으리라 하고

사도행전 16장 31절

# 3. 부흥하는 교회학교는 무학년제를 하고 있다

💗 왜 교회학교 무학년제로 할 때 교회학교가 부흥하는가요?

무학년제는 부산 서부교회, 천안 갈릴리교회, 거창 중앙교회, 순천 주성교회 등 부흥하는 교회학교의 빛나는 성경적 제도입니다. 무학년제는 교회로서의 기능을 잘 감당하는 최상책의 제도입니다. 무학년제 교회학교 교사는 한 어린이를 맡으면 초등학교를 졸업할 때까지 영혼을 책임지고 지도합니다.

평생 교회학교 교사가 되어야 할 이유가 있습니다. 어린이 전도와 양육 사역은 하나님께서 기뻐하시는 일입니다. 85% 이상의 그리스도인들이 14세 이전에 예수님을 믿기 시작하였습니다. 나라와 민족과 한국 교회의 장래가 어린이들에게 달려 있습니다. 어린이는 일생 동안 하나님의 일꾼으로 쓰임 받게 됩니다.

사랑받지 못하고 자라는 오늘날의 어린이들은 불쌍합니다. 기존 학교 교육의 실패를 교회학교가 감당해야 합니다. 예수님의 재림이

임박했기 때문입니다. 어린이를 잘 양육하면 불신 부모님도 전도하게 됩니다. 담임목사님의 소망입니다.

무학년제가 좋은 점은
1) 전도가 쉽습니다.
   누구나 전도해도 되기 때문입니다.
2) 반 운영이 좋습니다.
   전도해서 우리 반으로 오기 때문입니다.
3) 어린이 지도력이 생깁니다.
   어린이들이 각자 맡은 일이 있어 어린이들이 자신감을 가지게 됩니다.
4) 반 관리가 좋습니다.
   다양한 어린이들이 있기에 고학년이 저학년을 잘 돌봅니다.
5) 반 부흥이 빨리 옵니다.
   누구를 전도해도 우리 반으로 오기에 반 부흥이 빨리옵니다.

내 말과 내 전도함이 설득력 있는 지혜의 말로 하지 아니하고 다만 성령의 나타나심과 능력으로 하여 고린도전서 2장 4절

❤️ 어린이들이 자신의 믿음 성장 카드를 작성하게 할 수 있나요?

어린이들이 믿음 쑥쑥 카드 작성하기
 – "예수께서 습관을 따라 감람산에 가시니 제자들도 따라 갔더라"

| 매일할일 | 월 | 화 | 수 | 목 | 금 | 토 | 기타 |
|---|---|---|---|---|---|---|---|
| 매일기도 | | | | | | | |
| 성경암송 | | | | | | | |
| 찬　송 | | | | | | | |
| 칭　찬 | | | | | | | |

기도 예) 오늘도 예수님처럼 건강하고 지혜롭고 사랑스럽게 자라나게 해 주시니 감사합니다. 오늘도 하나님과 동행합니다. 예수님의 이름으로 기도드립니다. 아멘

암송 예) 항상 기뻐하라 내가 다시 말하노니 기뻐하라 빌립보서 4장 4절

찬송 예) 좋으신 하나님, 위대하고 강하신 주님, 예수님의 이름으로, 예수님 찬양, 아버지 사랑합니다.

칭찬 예) 친구야, 너무나 멋지다. 친구야, 너무나 사랑스럽다. 친구야, 너를 축복해!

## 10분기도
집에서 학교 갈 때, 학교에서 학원 갈 때, 학원에서 집으로 올 때.

하나님아버지
우리 나라를 사랑해 주시니 감사합니다.
우리 교회를 축복해 주시니 감사합니다.

우리 가정을 행복하게 해 주시니 감사합니다.

나의 꿈을 이루어 가시는 하나님께 영광 돌립니다.

예수님의 이름으로 기도드립니다. 아멘

주 안에서 항상 기뻐하라 내가 다시 말하노니 기뻐하라 빌립보서 4장 4절

## 4. 하나님의 임재를 체험하는 예배를 만들라
###    - 예배영상 중계다 -

💗 하나님의 임재를 체험하는 예배가 되기 위해서 무엇을 해야 하나요?

교회학교 예배가 하나님의 임재를 체험한 예배가 되기 위해는 찬양부터 살려야 합니다. 대한민국에 교회학교 찬양 인도 잘하는 분들이 계십니다.

1) '갓스타Godstar' 지도하고 있는 신영옥 목사님입니다. 유튜브에서 갓스타 치면 신영옥 목사님께서 찬양 인도하는 모습을 볼 수 있습니다.

2) 리조이스찬양단 대표이신 문미순 전도사님입니다. 찬양인도를 잘할 뿐만 아니라 어린이 집회를 잘하고 어른 집회에서 찬양인도도 잘하고 있습니다.

유튜브에서 '리조이스'를 치면 문미순 전도사님과 어린이들이 찬양 인도하는 모습을 볼 것입니다. 교회에 찬양단이 없고 악기로 반주

할 수 없을 때에도 예배 찬양하도록 동영상을 많이 준비하였습니다. 유튜브에서 '문미순'으로 쳐도 나옵니다.

　3) 어린이 찬양 인도 잘하는 팀은 '노아선교단'이 있습니다. 유튜브에서 '노아선교단'을 치면 '노아선교단'이 인도한 어린이 찬양이 나옵니다.

　찬양은 가사가 중요합니다. 찬양 가사는 하나님, 예수님, 성령님, 믿음, 은혜, 십자가, 감사 등이 들어 있는 하나님을 향한 내용이 참 좋습니다. 이런 곡을 불러야 어린이 영혼이 삽니다. 찬양은 하나님께 기도하는 나의 고백입니다. 찬양이 살아야 예배가 삽니다.

호흡이 있는 자마다 여호와를 찬양할지어다 할렐루야 시편 150편 6절

## 🫀 교회학교 교사가 어린이 설교를 할 수 있을까요?

　경기도에 있는 어느 교회에서 교회학교 교사들이 어린이 설교를 할 수 있도록 교사 세미나를 해 달라고 하였습니다. 그래서 제가 가지고 있는 어린이 PPT 설교 600개를 가지고 갔습니다.

　교회학교 교사가 전체가 모여서 인지 어린이 PPT 설교를 시범을 보여 주어도 반응이 별로였습니다. 왜냐하면 주일 예배, 주일오후예배 드리고 또 교사 세미나를 하니 피곤하고 지쳤습니다. 요즘 교회학교 교사들이 피곤하고 지쳤습니다. 교회학교 교사를 하고 싶지 않는 마음이 더 강한 것 같습니다.

담임목사님께서 교육전도사가 수시로 바뀌니까 교회학교를 제대로 할 수 없다는 것입니다. 교육전도사를 두어도 열심히 하지 않는다는 것입니다. 교회학교 교사가 잘 준비해서 어린이 설교를 잘할 수 있도록 지도해 달라는 것입니다.

아들도 신학대학교를 다니며 어느 교회 간사로 있을 때 어린이 설교를 해야 한다고 하여 본문에 맞는 PPT 자료를 찾아 주고, 요절 말씀을 어떻게 손유희를 해야 하고, PPT 설교를 어떻게 해야 하는지를 시범을 보여 주며, 어린이 설교를 반복하면서 연습하여 설교하러 갔습니다. 아들이 어린이 설교를 연습한대로 하였더니 교회학교 교사가 너무 좋았다고 하고, 어린이들도 좋았다고 반응을 보였습니다.

이렇게 어린이 설교는 한 사람 한 사람씩 어린이 설교를 지도하는 것이 좋습니다. 무엇보다도 어린이 설교 자료가 좋아야 합니다. 성경 본문 이야기와 본문에 맞는 이야기와 어린이들이 들어야 할 메시지가 있는지를 살펴보면 됩니다. 교회학교 교사도 어린이 설교를 할 수 있습니다. 좋은 설교 자료를 준비해야 합니다.

우리나라에는 '인포처치'라는 기관에서 어린이 PPT 자료와 동영상 설교 자료를 제공하고 있습니다. 유료입니다. 이충섭 목사가 낸 어린이 설교집은 3권입니다.

『시청각 어린이 현장 설교집』(은혜출판사) - 이 책이 처음으로 CD에 넣어서 그림 자료 제공한 어린이 설교집이지요.

『믿음 왕 은혜 왕』(은혜출판사) – 이 책이 나왔는지도 모르고 나왔어요. 처음에 책을 두 권으로 나온다고 하여서 출판사에서 책을 내놓고 나서 알게 된 어린이 설교집입니다. 내 개인적으로는 "은혜 왕 믿음 왕"으로 나왔으면 더 좋았을 것 같네요.

『기도 왕 감사 왕』(은혜출판사) – 이 책은 절기별 어린이 설교집인데 절기에 맞는 그림들이 있습니다. 우리에게 필요한 설교집입니다.

'인포처치'에서 어린이 PPT 설교를 약 3년간 했습니다. 한 주제를 가지고 4편 내지 5편 설교를 했습니다.

한 달에 갖는 주제로 연속으로 설교를 듣는 것이 효과적입니다. 다양한 주제를 가지고 연속으로 4편 내지 5편을 할 수 있습니다. 어린이들에게 무슨 말씀을 전할지 정해져 있다는 것은 감사하고 귀한 일입니다.

제가 가지고 있는 어린이 PPT 설교가 많이 있습니다. 오래 동안 어린이 부흥회를 인도한 것을 하나님께 감사합니다.

덕분에 어린이 설교집도 내고 어린이 PPT 설교도 있습니다.

하나님의 말씀과 기도로 거룩하여짐이라 디모데전서 4장 5절

## 5. 생명을 걸고 설교하고 말씀암송

🎭 어린이 설교 원고는 어떻게 작성하나요?

'권능'이라는 주제로 한 어린이 설교입니다.

예수님을 닮아가는 어린이(1)

### 권능을 주시니라

예수께서 그의 열두 제자를 부르사 더러운 귀신을 쫓아내며
모든 병과 모든 약한 것을 고치는 권능을 주시니라
마태복음 10장 1절

어린이 여러분, 안녕하세요?
새 학기가 되었습니다. 좋은 선생님을 만났다고 생각하고 감사하
는 어린이가 되세요. 감사할 때 좋은 일이 일어나는 것이지요. 예수

님은 우리에게 새 학기를 맞이하면서 권능 받기를 원하지요? 어떤 권능을 받아야 하나요?

　예수님을 닮아가는 어린이는 권능을 받아요.

　1) 예수님께서 12명의 제자를 삼으셨지요. 예수님의 12명 제자는 베드로, 안드레, 야고보, 요한, 빌립과 바돌로매, 도마와 세리 마태, 알패오의 아들 야고보와 다대오, 가나안인 시몬 및 가룟 유다이지요.

　2) 예수님께서는 12명제자를 부르시면서 더러운 귀신을 좇아내는 권능을 주셨지요. 마귀를 대적하라 그리하면 너희를 피하리라고 했어요. 예수님의 이름으로 마귀를 물리쳐야 합니다.

　3) 예수님께서 마귀의 유혹을 말씀으로 물리치셨지요. 마귀는 자기를 경배하라고 했지요. 그러나 예수님은 주 너의 하나님께 경배하고 다만 그를 섬기라고 했어요.

　4) 마귀는 우리 어린이들에게 하나님을 섬기지 말고 예배드리러 오지 말라고 하지요. 마귀는 우리들을 지옥으로 이끌고 가려고 수단과 방법을 가리지 않고 있어요.

　5) 그러나 우리는 예수님을 잘 믿어야 해요. 믿음을 가지고 예수님을 만나야 해요. 천국 가는 백성이 되어야 해요. 병든 자를 고치며 죽은 자를 살리며 나병환자를 깨끗하게 하며 귀신을 좇아내야 해요.

6) 예수님은 모든 병과 모든 약한 것을 고치는 권능을 우리에게 주었어요. 예수님께서 나병환자를 고치셨고 백부장의 하인을 치유하셨고 베드로의 장모를 치유하셨고 귀신들려 병든 자를 치유하시고 또 중풍병자를 치유하셨지요.

7) 예수님은 우리 질병을 치료하여 주시기를 원하십니다. 12년 동안 혈루증으로 고생한 여인이 예수님의 옷자락만 만져도 내 병이 낫겠다는 믿음을 가졌어요. 예수님은 그 여인의 믿음을 보시고 "안심하라 네 믿음이 너를 구원하였다" 하셨지요.

8) 예수님으로부터 질병이 치료받는 것과 구원받은 것은 같은 의미가 있지요. 그 여인이 그 즉시 구원받았다고 했어요. 질병이 치료받으면서 구원받는 것이지요.

9) 내가 예수님을 믿고 구원받았다는 것은 먼저 죄 문제에서 해결받았다는 뜻이지요. 하나님의 자녀가 되었다는 뜻이고요. 하나님의 뜻을 따라 살아간다는 뜻이지요.

10) 예수님은 우리가 구원받은 사람이 되기를 간절히 원하시지요. "누구든지 사람 앞에서 나를 시인하면 나도 하늘에 계신 내 아버지 앞에서 그를 시인할 것이요"라고 했어요. 우리는 다른 사람에게 "나는 예수님을 믿는 사람이야!"라고 말 할 수 있어야 해요.

11) 나는 예수님을 믿는 사람이라고 분명한 소속을 밝혀야 합니

다. 예수님을 믿는 사람이라는 것을 알리고 예수님을 믿는 사람답게 행동해야 하지요.

12) 예수님을 믿는 사람이 거짓말하면 다른 사람에게 덕이 될까요? 예수님을 믿는 사람이 싸우고 욕하면 다른 사람에게 덕이 될까요?

13) 예수님을 믿는 사람은 예배를 잘 드려야 하지요. 찬송을 힘차게 불러야 하지요. 기도는 간절히 해야 하지요. 헌금은 정성을 다해야 하지요. 전도는 있는 힘을 다해야 하지요. 감사는 할수록 좋은 것이지요. 예수님을 믿는 사람답게 믿음으로 살아야 해요. 믿음으로 예수님을 잘 믿는 모습이 있어야 하지요.

사랑하는 어린이 여러분!

1) 말씀의 권능을 받아야 해요.
예수님은 말씀을 전하시지요. 천국복음을 전파하시지요. 예수님의 말씀은 읽는 사람이 복이 있어요. 예수님의 말씀을 듣는 사람이 복이 있어요. 예수님의 말씀을 지키는 사람이 복이 있어요. 마귀는 말씀을 못 듣게 방해하지요. 그러나 예수님은 말씀의 권세와 능력이 있어요. 하나님의 말씀을 들어야 영혼이 살아요. 하나님의 말씀을 듣고 믿음을 가져요. 지혜가 생겨요. 마귀를 대적할 수 있어요.

2) 치료의 권능을 받아야 해요.
예수님은 모든 병과 모든 약한 것을 고치는 권능을 주셨다고 했어요. 그러기에 이런 믿음을 가지고 병든 자를 고칠 수 있어야 하지요. 예수님께서 우리의 질병을 치료하기 위해 십자가를 지셨지요. 예수님께서 우리의 모든 질병을 지시고 채찍질 당하시고 치료하셨다는 사실을 믿고 선포해야 합니다.

"예수님의 이름으로 건강할찌어다."

믿음이 올 때까지, 확신이 올 때까지 예수님의 이름으로 선포하십시오.

### 3) 전도의 권능을 받아야 해요.

예수님은 이 세상을 구원하러 오셨지요. 한 사람이라도 더 구원하시고자 하십니다. 우리는 몸과 영혼을 능히 지옥에 멸하실 수 있는 예수님을 두려워할 줄 알아야 하지요. 어린이 여러분, 천국과 지옥은 반드시 있어요. 예수님을 꼭 믿어야 천국 갈 수 있어요. 예수님만이 우리의 죄를 위해 십자가를 지셨기 때문이지요. 예수님을 만나야 하지요. 예수님을 다른 사람에게 소개할 수 있어야 해요. 우리 교회를 자랑할 수 있어야 하지요. 예수님은 땅 끝까지 이르러 증인되라고 말씀하십니다. 가까이 있는 가족과 친구를 전도해요. 전도의 상을 받아야 해요.

〈기도〉

사랑의 하나님 아버지!

예수님이 하신 일을 우리가 할 수 있도록 권능을 주세요.

"예수님의 이름으로 더러운 귀신은 떠나갈지어다."

"예수님의 이름으로 각종 질병은 치료받을지어다."

"예수님의 이름으로 친구들은 전도될지어다."
예수님의 이름으로 기도드립니다. 아멘!


〈문제〉

1 예수님은 제자들에게 고치는 무엇을 주셨나요?

　　1) 권세　　　　2) 능력

　　3) 권능　　　　4) 축복


2. 예수님의 12제자가 아닌 사람은 누구인가요?

　　1) 베드로　　2) 가룟 유다　　3) 바돌로매　　4) 바울


3. 우리는 어디를 가는 백성이 되어야 하나요?

　　1) 미국　　2) 중국　　3) 천국　　4) 지옥


4. 예수님은 12년 된 혈루증 환자에게 안심하라 네 믿음이 너를
　무엇 하였다고 말씀하셨나요?

　　1) 구술　　2) 구속　　3) 구원　　4) 십원


5. 예수님을 믿는 사람은 무엇을 잘해야 하나요?

　　1) 공부　　2) 운동　　3) 게임　　4) 예배


〈분반학습〉

1. 나는 새 학년이 되어서 무엇을 잘하고 싶은가요?

2. 나는 예수님을 믿고 무슨 권능을 받고 싶나요?

3. 나는 예배, 기도, 전도를 잘하고 있나요?

〈찬양〉

예수님을 닮아가는 어린이(2)

# 나는 자비를 원하고

나는 자비를 원하고 제사를 원하지 아니하노라 하신 뜻을
너희가 알았더라면 무죄한 자를 정죄하지 아니하였으리라
마태복음 12장 7절

어린이 여러분, 안녕하세요?

우리 어린이들은 예수님을 닮아가는 어린이가 되어야 해요. 왜냐하면 예수님은 우리의 주인이시기 때문이지요. 예수님을 닮아가는 어린이는 예수님을 나의 주인으로 삼아야 해요.

1) 예수님은 왕으로 우리에게 오셨지요. 왕이신 예수님은 하나님으로부터 왔지요. 그러기에 예수님을 통해 하나님 아버지를 만날 수 있어요.

2) 바리새인들은 안식일에는 아무것도 하지 않는 것으로 알고 있었

어요. 예수님의 제자들이 안식일에 시장하여 이삭을 잘라 먹었어요.

3) 이 일을 보고 바리새인들은 예수님께 당신의 제자들은 안식일에 하지 말아야 할 범죄를 하였다고 말했어요.

4) 예수님께서는 다윗이 자기와 함께한 자들이 시장할 때 제사장들이 먹어야 할 진설병을 먹지 않았느냐고 말씀하셨지요.

5) 예수님은 "성전보다 더 큰 이가 여기 있느니라"고 말씀하셨지요. 이 말씀은 예수님이 왕이라는 것이지요. 창조자이시라는 것이지요.

6) 예수님은 "나는 자비를 원하고 제사를 원하지 아니하노라"고 했어요. 예수님이 말씀하신 것은 안식일에 아무것도 일하지 않는 것이 아니라 안식일은 예수님 안에서 평안을 누리라는 것이지요.

7) 예수님은 "인자는 안식일의 주인이니라"고 말씀하셨어요. 안식일은 예수님을 만나는 것이 중요하지요. 아무 일도 하지 않는 것이 중요한 것이 아니라는 것이지요.

8) 예수님께서 "안식일에 병 고치는 것이 옳으냐?"고 질문하셨지요. 예수님은 "안식일에 선을 행하는 것이 옳으니라"고 하셨지요.

9) 예수님께서는 한쪽 손 마른 사람에게 "손을 내밀라"고 하셨지요. 그가 내밀매 다른 손과 같이 회복되었어요.

10) 예수님께서 안식일을 주신 것은 생명의 주인이신 예수님을 만나는 것이지요. 예수님 안에서 안식을 누리라는 것이지요. 안식일에 아무 일도 하지 않는 것이 중요한 것이 아닙니다. 예수님 안에서 평안과 안식을 누리는 것이지요.

우리는 안식일을 어떻게 지내야 하나요?

1) 예수님 안에서 안식을 누려야 해요.
예수님은 안식일의 주인이시지요. 그러기에 안식일을 거룩히 지켜야 해요. 안식일을 잘 지켜나가야 하나님의 이름을 욕되게 하지 않아요. 부모님께 효도하지요. 안식일은 예수님을 만나야 해요. 예수님 안에서 안식을 누려요. 평화를 누려요. 쉼을 얻어요. 안식일은 하나님과 관계가 회복되어야 해요. 이웃과 관계가 회복되어야 해요.

2) 주일 예배를 꼭 드려요.
예배는 하나님의 자녀가 반드시 하나님께 영광 돌리는 것이지요. 주일 예배는 하나님께 나의 삶의 주인이라고 인정하는 것이지요. 주일예배를 드리는 것은 나의 삶의 주인이 예수님이라는 것을 인정하는 것이지요. 그러니까 주일예배를 드리지 않는 것은 예수님을 진정 주인으로 모시지 못한 행위이지요. 주일예배를 꼭 지켜야 해요. 주일 예배를 드릴 때 지각하지 말아야 해요. 일찍 와서 찬송하고 믿음으로 준비해야 해요.

### 3) 영과 진리로 예배드려야 해요.

예배는 하나님의 은혜가 흘러넘치는 시간이지요. 하나님의 은혜가 있음으로 영과 육이 치료받게 되지요. 죄를 회개하지요. 믿음으로 하나님께 가까이 가게 하지요. 예배를 통해 예수님을 만나지요. 주일예배는 생명입니다. 주일예배는 축복입니다. 주일예배는 치료입니다.

〈기도〉

사랑의 하나님 아버지!

주일예배를 잘 드리겠습니다. 주일예배를 드리면서 지각 결석하지 않겠습니다. 주일은 예수님을 만나는 사람이 되겠어요. 주일예배를 통해 죄 사함을 받게 하시고 질병이 치료받고 생명을 공급받는 사람이 되게 하시니 감사합니다. 예수님 안에서 평안과 쉼을 누리며 살게 하시니 감사합니다. 예수님의 이름으로 기도드립니다. 아멘!

〈문제〉

1. 예수님의 제자들이 시장하여 무엇을 잘라 먹었나요?
   1) 보리    2) 쌀    3) 이삭    4) 식빵

2. 예수님께서 누가 제사장의 진설병을 먹었다고 했나요?
   1) 사울    2) 다윗    3) 솔로몬    4) 요한

3. 예수님은 무엇보다 더 크시다고 했나요?
   1) 교회    2) 시온    3) 성전    4) 예배당

4. 예수님은 〈나는 무엇을 원하고 제사를 원하시 아니하노라〉고
   했나요?
   1) 온유     2) 자비     3 ) 겸손     4) 사랑

5. 예수님은 〈인자는 누구의 주인이니라〉고 했나요?
   1) 안식일     2) 교회     3) 복음     4) 사랑

〈분반학습〉

1. 나는 주일예배를 잘 드리고 있나요?

2. 나는 주일예배를 드리지 못한 이유가 무엇이 있나요?

3. 나는 주일예배를 드리는 은혜가 무엇이 있나요?

〈찬양〉

예수님을 닮아가는 어린이(3)

# 성령을 힘입어

그러나 내가 하나님의 성령을 힘입어 귀신을 쫓아내는 것이면
하나님의 나라가 이미 너희에게 임하셨느니라
마태복음 12장 28절

어린이 여러분, 안녕하세요?

예수님이 이 땅에 오신 목적은 마귀의 일을 멸하려 오셨지요. 마귀의 일은 사람을 죽이고, 거짓말쟁이로 만들고, 멸망시키는 것이지요. 그러나 예수님은 우리에게 생명을 주고 더 풍성하게 하기 위해서 오셨지요.

예수님을 닮아가는 어린이는 마귀를 쫓아내야 해요.

1) 예수님께서 귀신들려 눈멀고 말 못하는 사람을 고쳐 주셨지요. 그 말 못하는 사람이 말하며 보게 되었지요.

2) 무리가 다 놀라 "다윗의 자손이 아니냐"고 말했어요.

3) 바리새인은 예수님이 귀신의 왕 바알세불을 힘입지 않고는 귀신을 쫓아내지 못하였다고 말했어요.

4) 예수님께서 그들의 생각을 아시고 "내가 바알세불을 힘입어 귀신을 쫓아내면 너희의 아들들은 누구를 힘입어 쫓아내느냐"고 말씀하면서 "그러나 내가 하나님의 성령을 힘입어 귀신을 쫓아내는 것이면 하나님의 나라가 이미 너희에게 임하였느니라"고 말씀하셨지요.

5) 예수님께서 귀신을 쫓아내면 하나님의 나라가 이미 우리에게 임했다는 것이지요. 예수님께서 성령을 힘입어 귀신을 쫓아내는 것처럼 우리들이 성령을 의지하여 귀신을 쫓아내라는 것이지요.

6) 우리 어린이들이 귀신에 사로잡혀 있는 것이 무엇이 있나요?

7) 우리 어린이들이 귀신에 사로잡혀 있는 것이 불순종이지요. 마귀에게 잡혀 있는 사람들이 불순종하지요. 예수님의 말씀을 전해도 듣지 않아요. 부모님이 말씀하시는데 안 듣고 불순종하지요.

8) 아담과 하와가 하나님의 말씀을 듣지 않고 불순종했어요. 하나님께서는 선악과를 따먹지 말라고 했는데 그 선악과를 따먹었어요.

9) 아담과 하와가 마귀의 유혹을 받았지요. 하나님께서 생명나무를 먹고 살라고 했는데 그 생명나무는 먹지 않고 선악과를 먹었지요. 그 불순종 때문에 죄가 우리에게 들어왔지요.

10) 예수님께서는 성령이 일하시는 것을 거역하지 말라고 했어요. 성령을 모독하지 말라는 것이지요. 성령을 모욕하는 것은 사하심을 얻지 못한다고 하는 것이지요.

11) 예수님은 "나무도 좋고 열매도 좋다 하든지 나무도 좋지 않고 열매도 좋지 않다 하든지 하라 그 열매로 나무를 아느니라"고 말씀하셨지요.

12) 예수님은 그 열매로 나무를 알 수 있는 것이지요. 사과를 보고 사과나무라는 것을 알 수 있어요. 감을 보고 감나무라는 것을 알 수 있어요.

13) 예수님은 마귀의 일을 멸하고 귀신을 쫓아내면 하나님의 나라가 이미 너희에게 임하신다고 했어요. 하나님의 나라는 마귀의 일이 멸하는 것이지요. 하나님의 나라는 예수님의 지배를 받고 살아가는 것이지요.

사랑하는 어린이 여러분!
오늘 본문을 통해 예수님께서 무슨 말씀을 하고 계신가요?

### 1) 성령을 힘입어야 마귀를 이길 수 있어요.

아담과 하와가 하나님의 말씀에 불순종했지요. 그 이유는 하나님을 전적으로 의지하지 않았기 때문이지요. 지금 우리 어린이들도 성령을 힘입어야 마귀를 이길 수 있다는 것이지요. 성령과 능력으로 기름부음을 받아야 해요. 성령으로 기름부음이 있어야 해요. 성령께 사로잡혀야 해요. 성령의 기름부음으로 가득 채워야 해요.

### 2) 성령을 힘입어 마귀를 쫓아내요.

게임에 빠져 있지요. 연예인에 빠져 있지요. 거짓말에 빠져 있지요. 불순종에 빠져 있지요. 자기 잘못을 알지도 못하고 살아가고 있지요. 예수님을 잃어버리고 살아가고 있지요. 뜨겁게 찬양을 하고 뜨겁게 기도하고 뜨겁게 예수님을 찾아와요. 예수님께 나와야 해요. 말씀 듣고 기도해요. 그래야 마귀를 이기지요. 예수님의 이름으로 마귀는 물러가라!

## 3) 성령을 힘입어 열매를 거두어요.

지금 우리는 전도해야 해요. 우리 부모님이 지옥가면 안 되지요. 우리 친구들이 지옥가면 안 되지요. 예수님은 우리에게 성령을 의지하여 전도하라고 하십니다. 전도는 사람의 생명을 살리는 것이지요. 전도는 어명이지요. 만왕의 왕이신 예수님께서 명령하셨어요. "전도하라", "부모를 전도하라", "친구를 전도하라."

〈기도〉

사랑의 하나님 아버지!

우리를 괴롭히는 마귀를 멸하여 주세요. 마귀의 일을 멸해야 우리가 하나님의 나라에 임할 수 있어요. 우리가 불순종하는 것을 회개합니다. 예수님이 나의 주인이 되어 주시고 성령을 힘입어 살게 하시니 감사합니다. 성령과 능력으로 기름부음을 채워 주시고 승리하게 하시니 감사합니다. 예수님의 이름으로 기도드립니다. 아멘!

〈문제〉

1. 예수님께서 귀신들려 눈멀고 말 못하는 사람을 어떻게 하셨나요?
   1) 보게 했다    2) 불쌍히 여겼다
   3) 안 고쳤다    4) 못한다

2. 귀신의 왕이 누구라 했나요?
   1) 바알    2) 아세라    3) 바알세불    4) 몬스터

3. 무엇을 힘입어 귀신을 좇아내라고 했나요?

　　1) 능력　　2) 성령　　3) 말씀　　4) 귀신


4. 귀신을 좇아내면 무엇이 이미 너희에게 임하였다고 말씀하셨
　　나요?

　　1) 하나님의 나라　　2) 미국나라

　　3) 중국나라　　　　4) 대한민국


5. 성령을 무엇 하는 것은 사하심을 얻지 못한다고 했나요?

　　1) 시기　　2) 질투　　3) 모독　　4) 욕심


〈분반학습〉

1. 나는 어떤 마귀의 유혹을 받고 있나요?


2. 나는 천국을 가고 싶나요?


3. 나는 예수님처럼 마귀를 쫓아낼 수 있나요?


〈찬양〉

# 아버지의 뜻대로

누구든지 하늘에 계신 내 아버지의 뜻대로 하는 자가
내 형제요 자매요 어머니이니라 하시더라

마태복음 9장 31절

어린이 여러분, 안녕하세요?

우리 가족은 누가 있나요? 부모님과 형제자매 사이가 좋은가요? 우리가 교회를 다니는 것은 하나님을 잘 믿는 것과 가족들과도 사이 좋게 지내는 것이지요.

예수님을 닮아가는 어린이는 아버지의 뜻대로 하는 자이지요.

1) 서기관도가 바리새인 중 몇 사람이 예수님께 와서 "선생님이여 우리에게 표적 보여 주시기를 원하나이다"라고 말했어요.

2) 예수님께서 대답하여 주시기를 "음란한 세대가 표적을 구하나 선지자 요나의 표적 밖에는 보일 표적이 없느니라"고 말씀하셨어요.

3) 요나의 표적이 무엇인가요? 요나가 밤낮 사흘 동안 큰 물고기 뱃속에 있었던 것 같이 인자도 밤낮 사흘 동안 땅 속에 있으리라고 말씀하셨어요.

4) 예수님께서는 십자가를 지시고 부활하신다는 것을 알려 주고 있는 것이지요. 우리는 예수님이 십자가를 지심으로 우리의 죄가 용서받았다는 것을 믿지요. 예수님의 부활하심으로 우리에게 생명을 주시고 풍성하게 하신다는 것을 믿지요.

5) 예수님께서 무리들에게 말씀하실 때 예수님의 어머니와 동생들이 말하려고 밖에 서 있었어요.

6) 한 사람이 예수님께 말했어요. "보소서 당신의 어머니와 동생들이 당신에게 말하려고 밖에 서 있나이다"

8) 예수님께서는 손을 내밀어 제자들을 가리키면서 "나의 어머니와 나의 동생들을 보라"고 말씀하셨어요.

9) 예수님께서 말씀하신 가족은 "누구든지 하늘에 계신 내 아버지의 뜻대로 하는 자가 내 형제요 자매요 어머니이니라"고 말씀하셨어요.

10) 하나님의 뜻이 무엇인가요? 하나님의 뜻은 이 세상 모든 사람이 하나님을 믿는 것이지요. 하나님의 뜻은 전도입니다. 예수님을 믿고 구원받아 하나님의 자녀가 되는 것이지요.

11) 예수님을 믿고 항상 기뻐해요, 쉬지 말고 기도해요, 범사에 감사해요. 예수님을 믿는 사람은 불평을 잡아내는 것이지요. 하고 싶은 말을 다하는 것이 아니지요. 남을 위해 기도하고 사랑하는 것이지

요. 예수님을 닮아가는 사람이 되어요.

어린이 여러분!

하나님의 뜻을 이루기 위해서 무엇을 해야 하나요?

### 1) 가족을 전도해요.

하나님의 뜻은 가족을 전도하는 것이지요. 엄마 아빠가 예수님을 믿어야 해요. 우리 엄마 아빠가 지옥가면 안 되기 때문이지요. 어떤 어린이는 아빠가 술 먹고 힘들게 하지만 그 어린이가 아빠를 위해 늘 기도했어요. 눈물로 기도했어요. 그랬더니 아빠가 예수님을 믿게 되었어요. 가족을 전도하기 위해 눈물의 기도와 사랑이 필요해요.

### 2) 믿음이 중요해요.

세상 사람들은 기적과 표적을 요구할지 모릅니다. 그러나 믿음이 기적보다 중요해요. 예수님은 우리에게 믿음을 요구하시지요. 예수님은 우리가 온전히 예수님을 따르기를 원하고 있지요. "근심과 걱정이 있어도 예수님을 믿으라 모든 문제를 예수님께 맡기라"고 해요. 맡기는 것이 믿음이지요.

### 3) 항쉬범해요.

"예수님 안에서 항상 기뻐하라 쉬지 말고 기도하라 범사에 감사하라"는 것이지요. "항쉬범"이라는 것이지요. 예수님 안에서 항상 기뻐하세요. 예수님은 우리를 보고 기뻐하고 사랑한다고 말씀하시지요. 예수님은 나의 기쁨 나의 소망이지요. 예수님이 우리에게 기쁨을 주십니다. 그러기에 예수님을 믿으면서 기뻐하며 살아가요.

〈기도〉

사랑의 하나님 아버지!

아버지의 뜻대로 살게 하시니 감사합니다. 우리가 전도하면서 살게 하시니 감사합니다. 우리 가족이 예수님을 믿게 하시니 감사합니다. 우리 친구들이 예수님을 만나게 하시니 감사합니다. 항상 기뻐하며 살게 하시니 감사합니다. 예수님의 이름으로 기도드립니다. 아멘!

〈문제〉

1. 바리새인들이 예수님께 무엇을 요구했나요?
   1) 사랑　　2) 소망　　3) 표적　　4) 희생

2. 바리새인들이 표적을 구했을 때 예수님은 무슨 표적밖에 없다고 했나요?
   1) 요엘　　2) 요한　　3) 요셉　　4) 요나

3. 요나가 밤낮 사흘 동안 어디에 있었나요?
   1) 큰 고래　　2) 큰 코끼리　　3) 큰 물고기　　4) 큰 집

4. 예수님은 무엇을 행해야 내 형제요 자매라고 했나요?
   1) 아버지의 뜻대로　　2) 부모님의 뜻대로
   3) 내 뜻대로　　　　　4) 남의 뜻대로

5. 하나님의 뜻은 무엇인가요?
   1) 사랑　　2) 기도　　3) 소망　　4) 전도

〈분반학습〉

1. 나는 누구를 전도해야 하나요?

2. 우리 가족들은 다 예수님을 믿고 있나요?

3. 나는 항쉬범하고 있나요?

〈찬양〉

예수님 예수님 어디계세요 예수님 예수님 보고 싶어요
1. 기쁘게 찬양하는 내 맘속에 들어오셨죠
2. 예쁘게 기도하는 내 맘속에 들어오셨죠
3. 맘모아 예배하는 내 맘속에 들어오셨죠

위의 설교들이 '인포처치'에서 PPT 설교로 다 준비 되어 있습니다.
한 달 설교 주제로 4편에서 5편을 준비 되어 있습니다. 최소한 3년
동안 주제별로 어린이 설교를 할 수 있습니다.

요즘 의정부 승리교회 교회학교에서는 창세기부터 시작하여 에스
겔까지 매주마다 PPT 설교를 진행하고 있습니다. 앞으로 요한계시
록까지 PPT 자료를 만들어 가고 있습니다.

일의 결국을 다 들었으니 하나님을 경외하고 그의 명령들을 지킬지어다
이것이 모든 사람의 본분이니라 전도서 12장 13절

💙 어린이들이 암송해야 할 성경말씀이 무엇이 있나요?

테필린 복음으로 말해 볼게요.

## 1. 구원의 말씀

● 로마서 3장 23절

모든 사람이 죄를 범하였으매 하나님의 영광에 이르지 못하더니

● 요한일서 3장 4절

죄를 짓는 자마다 불법을 행하나니 죄는 불법이라

● 로마서 6장 23절

죄의 삯은 사망이요 하나님의 은사는 그리스도 예수 우리 주 안에 있는
영생이니라

● 히브리서 9장 27절

한 번 죽는 것은 사람에게 정해진 것이요 그 후에는 심판이 있으리니

● 마태복음 16장 16절

시몬 베드로가 대답하여 이르되 주는 그리스도시요 살아 계신 하나님의
아들이시니이다

● 요한복음 10장 10절

도둑이 오는 것은 도둑질하고 죽이고 멸망시키려는 것뿐이요 내가 온 것은 양으로 생명을 얻게 하고 더 풍성히 얻게 하려는 것이라

● 마태복음 1장 21절

아들을 낳으리니 이름을 예수라 하라 이는 그가 자기 백성을 그들의 죄에서 구원할 자이심이라 하니라

● 요한복음 1장 12절

영접하는 자 곧 그 이름을 믿는 자들에게는 하나님의 자녀가 되는 권세를 주셨으니

● 고린도후서 5장 17절

그런즉 누구든지 그리스도 안에 있으면 새로운 피조물이라 이전 것은 지나갔으니 보라 새것이 되었도다

● 고린도전서 1장 18절

십자가의 도가 멸망하는 자들에게는 미련한 것이요 구원을 받는 우리에게는 하나님의 능력이라

## 2. 헌신의 말씀

● 요한복음 12장 4절

내가 진실로 진실로 너희에게 이르노니 한 알의 밀이 땅에 떨어져 죽지

아니하면 한 알 그대로 있고 죽으면 많은 열매를 맺느니라

● 로마서 12장 1절

그러므로 형제들아 내가 하나님의 모든 자비하심으로 너희를 권하노니 너희 몸을 하나님이 기뻐하시는 거룩한 산 제물로 드리라 이는 너희가 드릴 영적 예배니라

● 로마서 14장 8절

우리가 살아도 주를 위하여 살고 죽어도 주를 위하여 죽었나니 그러므로 사나 죽으나 우리가 주의 것이로다

● 마태복음 6장 33절

그런즉 너희는 먼저 그의 나라와 그의 의를 구하라 그리하면 이 모든 것을 너희에게 더하시리라

● 로마서 12장 11절

부지런하여 게으르지 말고 열심을 품고 주를 섬기라

● 갈라디아서 5장 22-23절

오직 성령의 열매는 사랑과 희락과 화평과 오래 참음과 자비와 양선과 충성과 온유와 절제니 이 같은 것을 금지할 법이 없느니라

● 골로새서 3장 15절

그리스도의 평강이 너희 마음을 주장하게 하라 너희는 평강을 위하여 한

몸으로 부르심을 받았나니 너희는 또한 감사하는 자가 되라

● 빌립보서 4장 19절
나의 하나님이 그리스도 예수 안에서 영광 가운데 그 풍성한 대로 너희
모든 쓸 것을 채우시리라

● 갈라디아서 6장 6절
가르침을 받는 자는 말씀을 가르치는 자와 모든 좋은 것을 함께 하라

## 3. 신앙 계승의 말씀

● 시편 126편 5~6절
**눈물을 흘리며 씨를 뿌리는 자는 기쁨으로 거두리로다 울며 씨를 뿌리러
나가는 자는 반드시 기쁨으로 그 곡식 단을 가지고 돌아오리로다**

● 마태복음 11장 28절
수고하고 무거운 짐 진 자들아 다 내게로 오라 내가 너희를 쉬게 하리라

● 사도행전 1장 8절
오직 성령이 너희에게 임하시면 너희가 권능을 받고 예루살렘과 온 유대
와 사마리아와 땅 끝까지 이르러 내 증인이 되리라 하시니라

● 로마서 1장 17절
복음에는 하나님의 의가 나타나서 믿음으로 믿음에 이르게 하나니 기록

된 바 오직 의인은 믿음으로 말미암아 살리라 함과 같으니라


● 신명기 6잘 5절

너는 마음을 다하고 뜻을 다하고 힘을 다하여 네 하나님 여호와를 사랑하라


● 디모데후서 3장 15절

또 어려서부터 성경을 알았나니 성경은 능히 너로 하여금 그리스도 예수 안에 있는 믿음으로 말미암아 구원에 이르는 지혜가 있게 하느니라


● 에베소서 6장 1절

자녀들아 주 안에서 너희 부모에게 순종하라 이것이 옳으니라


● 고린도전서 10장 31절

그런즉 너희가 먹든지 마시든지 무엇을 하든지 다 하나님의 영광을 위하여 하라


● 요한복음 13장 34절

새 계명을 너희에게 주노니 서로 사랑하라 내가 너희를 사랑한 것같이 너희도 서로 사랑하라


## 4. 축복의 말씀


● 창세기 1장 28절

하나님이 그들에게 복을 주시며 하나님이 그들에게 이르시되 생육하고

번성하여 땅에 충만하라, 땅을 정복하라, 바다의 물고기와 하늘의 새와 땅에 움직이는 모든 생물을 다스리라 하시니라

● 창세기 12장 2절
내가 너로 큰 민족을 이루고 네게 복을 주어 네 이름을 창대하게 하리니 너는 복이 될지라

● 이사야 41장 10절
두려워하지 말라 내가 너와 함께 함이라 놀라지 말라 나는 네 하나님이 됨이라 내가 너를 굳세게 하리라 참으로 너를 도와주리라 참으로 나의 오른손으로 너를 붙들리라

● 예레미야 29장 11절
여호와의 말씀이니라 너희를 향한 나의 생각을 내가 아나니 평안이요 재앙이 아니니라 너희에게 미래와 희망을 주는 것이니라

● 신명기 28장 1절
네가 네 하나님 여호와의 말씀을 삼가 듣고 내가 오늘 네게 명령하는 그의 모든 명령을 지켜 행하면 네 하나님 여호와께서 너를 세계 모든 민족 위에 뛰어나게 하실 것이라

● 여호수아 1장 8절
이 율법책을 네 입에서 떠나지 말게 하며 주야로 그것을 묵상하여 그 안에 기록된 대로 다 지켜 행하라 그리하면 네 길이 평탄하게 될 것이며 네

가 형통하리라


● 요한계시록 1장 3절
예언의 말씀을 읽는 자와 듣는 자와 그 가운데에 기록한 것을 지키는 자
는 복이 있나니 때가 가까움이라


● 창세기 26장 12-13절
이삭이 그 땅에서 농사하여 그 해에 백 배나 얻었고 여호와께서 복을 주
시므로 그 사람이 창대하고 왕성하여 마침내 거부가 되어


● 요한삼서 1장 2절
사랑하는 자여 네 영혼이 잘 됨같이 네가 범사에 잘되고 경건하기를 내가
간구하노라


● 잠언 3장 6절
너는 범사에 그를 인정하라 그리하면 네 길을 지도하시리라

## 6. 영혼을 불타는 사랑으로 변화시킨다
## – 사랑받으면 변화된다 –

💟 어린이를 사랑하면 변화가 될까요?

우리 교회에 광수라는 초등학생이 있습니다. 광수가 처음에 교회에 왔을 때는 유치부였습니다. 이 아이가 난폭했습니다. 장난감을 던지고 소리도 지르고 그랬습니다. 다른 어린이는 엄마가 옆에서 챙겨주는 것을 보고 화가 많이 난 적도 있습니다.

그러던 광수가 아빠 따라 교회에 오고 할머니도 계시고 교회에 잘 왔습니다. 친구도 교회에 데리고 왔습니다. 교회에 와서 교회 어른들에게 인사를 얼마나 잘하는지 성도님들이 광수를 칭찬을 많이 하였습니다. 어른 성도님들이 광수에게 가끔 용돈도 주었습니다.

어르신들은 어린이가 인사 잘하는 것을 보면 칭찬합니다. 광수가 사랑을 받고 있다는 것을 깨달아지기 시작하고 변화되었습니다. 광수 할머니는 교회를 다니면서 마음이 평안하고 근심이 사라졌다고 말씀하셨습니다.

예수님을 믿으면 변화되는 모습이 있습니다. 화를 많이 내던 사람도 화를 내는 수가 적어집니다. 어려운 문제도 풀리고 찬송하고 기도하면서 기쁨도 생깁니다.

어린이는 있는 그대로를 사랑해 주는 것이 좋습니다. 이것 고쳐라 저것 고쳐라 할 것이 아니라 예수님 마음처럼 어린이를 끝까지 사랑해 주고 내가 참아야 합니다.

유월절 전에 예수께서 자기가 세상을 떠나 아버지께로 돌아가실 때가 이른 줄 아시고 세상에 있는 자기 사람들을 사랑하시되 끝까지 사랑하시니라

요한복음 13장 1절

🖤 나를 변화시켜 주신 붙 타는 사랑을 받으셨나요?

『교회학교 해봤어!』 책을 쓰면서 감리교신학대학교 김재은 교수님이 생각납니다.

대학 학부 다닐 때 '필자 워샵'이라는 과목을 들으면서 교회학교 교재를 만들어 볼 수 있는 기회가 있었습니다. 대학원에 들어가서는 선생님의 조교를 할 수 있는 기회를 주셔서 더욱더 기독교교육을 잘할 수 있어서 감사합니다. 선생님은 교회학교의 삶 현장을 생각하며 수업에 임하셨습니다. 신학공부를 하다가 기독교교육 공부를 하려고 하니 학자들이 잘 들어오지 않았습니다. 그래도 어떤 질문을 하더라도 따뜻하게 대답해 주신 것을 기억합니다. 선생님! 참 고맙습니다.

신학대학교 때 감신 강사로 오셨던 최영실 교수님도 생각이 납니다. 시간 강사로 오셨지만 학부 때 '신학원전'까지 포함해서 7학기를 들었습니다. 그때 단어 하나라도 그냥 지나가지 않고 왜 이런 것인지, 거기에는 무슨 뜻이 있는지 철저히 공부하라고 하였습니다. 그때 '어린이 성경에 관한 것을 쓰겠다'고 하였습니다. 선생님의 덕분인지 모르지만 어린이 설교집 3권을 쓸 수 있는 기회가 있었습니다.

약 2년 전에 중앙연회목회세미나에 강사로 오신 임성모 교수님께도 감사드립니다. 왜 조직신학공부를 해야 하는지, 왜 삼위일체론, 기독론, 성령론, 계시론, 교회론, 자아론을 공부해야 하는지, 왜 성경 중심으로 설교해야 하는지 늘 질문을 던져 주시고 실력 있는 목사가 되어야 한다고 말씀해 주셨습니다.

지금도 조직신학 책을 읽고 정리하는 이유가 단어의 뜻을 분명히 알고 사용해야 하기 때문에 공부합니다.

나의 어머니 심우순 권사님께 감사합니다. 목회한다고 어려울 때 어머니의 도움을 받으며 하나님의 사랑을 더욱더 느끼게 했습니다.

사랑하고 존경하는 아내 조혜영에게 받는 사랑은 말로 표현할 수 없이 따뜻하고 고맙습니다. 지금도 못난 남편 목회 때문에 고생하지만 매순간마다 자신감을 가지고 목회하라고 격려해 주는 아내의 사랑에 감사드립니다.

여호와는 나의 목자시니 내게 부족함이 없으리로다 시편 23편 1절

## 7. 하나님이 하신다
## 하나님께 붙잡히도록 해야 한다


💜 교회학교 부흥이 목적인가요?


선한목자교회 유기성 목사님의 페이스북 글입니다.


성공보다 더 귀한 예수 그리스도

목회자 세미나 때, 목회자의 목적은 목회를 잘하는 것이 아니라 예수님이어야 한다고 강조하였습니다.

그리고 진정으로 "예수님 한 분이면 충분합니다" 고백하고 싶다면 매일 일기를 쓰며 예수님과 친밀히 동행해 보라고 했을 때 목사님 한 분이 조용히 물었습니다.


"그런데 그 예수 동행일기를 쓰면 교회가 부흥될까요?"


목회자에게 있어서 주님과 친밀히 동행하는 데 가장 큰 걸림돌은 목회 성공에 대한 갈망입니다. 예수님 외에 다른 목적이 있으면 결코

"예수님 한 분이면 충분합니다."라고 고백할 수 없습니다.

그렇습니다. 제가 원하는 것은 오직 예수님과 친밀히 동행하는 것뿐입니다. 그것만이 영원한 것이고 진정한 만족이고 참 지혜입니다.

교회 부흥은 내 마음대로 되지 않습니다. 교회학교 부흥은 더 쉽지 않습니다. 교회 부흥은 하나님이 하십니다. 교회학교 부흥도 하나님이 하십니다. 우리는 예수님 한 분이면 충분합니다. 오늘도 예수님을 구합니다. 진정 예수님만 원하며 예수님과 친밀히 동행하면 됩니다.

나의 행복은 예수님입니다.
나의 부흥은 예수님입니다.
나의 승리는 예수님입니다.

나는 포도나무요 너희는 가지라 그가 내 안에, 내가 그 안에 거하면 사람이 열매를 많이 맺나니 나를 떠나서는 너희가 아무것도 할 수 없음이라
요한복음 15장 5절

💜 "교회학교 해봤어!"라는 글을 쓰면서 무슨 생각을 하셨나요?

이 글을 쓰면서 질문을 던졌습니다.

1) 교회학교가 안 되는 이유가 무엇이 있나요?
2) 교사가 없는데 어떻게 교사를 만날 수 있을까요?

3) 교사가 어떻게 설교할 수 있을까요?

4) 교사와 교육전도사랑 다툼이 일어나는데 어떻게 해야 하나요?

5) 예배 반주자가 없는데 어떻게 찬양하면 좋을까요?

6) 찬양을 뜨겁게 하려면 어떻게 해야 하나요?

7) 전도하기가 힘든데 어떻게 전도해야 열매를 맺을 수 있을까요?

8) 예배 사회는 어떻게 해야 하나요?

9) 예배 기도는 어떻게 해야 하나요?

10) 어린이 설교할 때 주의 사항이 무엇이 있나요?

11) 담임목사님께서 교육부에 관심을 갖도록 하려면 어떻게 해야 하나요?

12) 교회학교 예산이 많이 부족한데 어떻게 충당하는 것이 좋을까요?

13) 어린이들이 즐겁게 교회에 오게 하는 방법이 있나요?


이 질문을 던지고 나서 50년 목회하신 원로 목사님의 후회라는 이야기를 듣게 되었습니다. 원로 목사님은 목회하면서 3가지 후회가 있다고 하셨습니다.


1) 교회가 사회에게 어떤 영향을 주었는가?

목회하면서 교회부흥을 위해서 일했지 교회가 사회를 위해서 하는 일이 없기에 후회하신다고 하였습니다.


2) 교회 성도들이 오랫동안 설교 말씀을 듣고 생활 속에서 얼마나 알곡 신자가 되었는가?

살펴 볼 때 성도들이 변화되지 않는 것을 보고 후회한다고 하였습니다.

3) 새 술에 미쳐 본 적이 있는가?

예수님의 십자가에 미쳐 본 적이 있는가? 그리스도의 사랑에 미쳐 본 적이 있는가? 성령세례에 미쳐 본 적이 있는가? 목회를 논리적이고 조직적이고 원칙대로만 했지 예수님께 확 미쳐 본 적이 없어 후회하신다고 하였습니다.

교회학교 부흥은 어린이에게 예수님께 확 미치도록 해야 합니다. 이런 글을 쓰다가 우리가 예수님께 다가가기 전에 예수님께서 어린이들에게 다가 오신다는 사실을 깨달았습니다. 하나님께 붙잡이도록 하면 됩니다.

교회 부흥은 하나님이 하십니다. 교회학교 부흥은 하나님만이 하실 수 있습니다.

예수님께 미쳐 있는 사람을
오늘도 찾고 계십니다.
예수님의 십자가를 붙잡고
자아가 깨치고

부활하시고 성령으로
그리스도이신 예수님을 믿습니다.

그리스도이신 예수님을 진심으로
사랑하게 되었습니다.

예수님 한 분이면 충분합니다.
예수님 한 분이면 행복합니다.
예수님 한 분이면 부흥됩니다.

예수께서 이르시되 나는 부활이요 생명이니 나를 믿는 자는 죽어도 살겠고
요한복음 11장 25절

## 💜 교사세미나를 어떻게 해야 합니까?

1강  교사론
2강  성경론
3강  예배론
4강  설교론
5강  코칭대화법, 코칭분반학습법
6강  반운영론
7강  어린이구원과 상담론
8강  부모님과 관계법
9강  전도론
10강  프로그램론
11강  교회론
12강  제자 훈련론

## 1강 ◆ 교사론

**1. 그룹 워크숍**(20분)
1) 나는 교사로서 무엇이 있는가?
2) 나는 교사로서 사명이 무엇인가?
3) 나는 교사로서 무엇이 필요한가?

문제점을 극복하기 위해
(1)
(2)
(3)

**2. 그룹 워크숍 발표**(20분)
조별로
교사의 문제점과 극복하기

**3. 강의 : 교사론**(20분)
교사는 사명이 있어야 한다.
교사는 사랑이 있어야 한다.
교사는 기도하며 해야 한다.

**4. 기도회**(20분)
교사들의 개인을 위한 기도
교사의 사명을 위한 기도

1. 그룹 워크숍(20분)

1) 성경이 어떤 점에서 어려운가?

2) 내가 좋아하는 성경말씀은 무엇이고 그 이유는?

3) 성경 가르치기 어려운 점은 무엇인가?


문제점을 극복하기 위해

(1)

(2)

(3)


2. 그룹 워크숍 발표(20분)

조별로

성경지도의 문제점과 극복하기


3. 강의 : 성경론(20분)

성경은 하나님의 말씀이다.

성경은 하나님의 권세와 능력이 나타난다.

성경은 예수님을 증거한다.


4. 기도회(20분)

성경말씀 붙잡고 기도하기

성경말씀으로 축복하기

3강 ◆ 예배론 ～～～～～～～～～～～～～～～～～～～～～～～～

1. 그룹 워크숍(20분)
1) 교회학교 예배의 문제점이 무엇인가?
2) 예배 찬양과 기도 문제점은 무엇인가?
3) 예배 분위기의 문제점이 무엇인가?

문제점을 극복하기 위해
(1)
(2)
(3)

2. 그룹 워크숍 발표(20분)
조별로
예배의 문제점과 극복하기

3. 강의 : 예배론(20분)
예배는 하나님의 임재이다.
예배는 찬양이 살아야 한다.
예배는 기도가 뜨거워야 한다.

4. 기도회(20분)
교회학교 예배를 위해 기도
교사가 교회학교 예배자임을 위해 기도

1. 그룹 워크숍(20분)

1) 교회학교 설교의 문제점은 무엇인가?

2) 교회학교 설교를 할 수 있는가?

3) 설교하는데 무엇이 문제인가?

문제점을 극복하기 위해

(1)

(2)

(3)

2. 그룹 워크숍 발표(20분)

조별로

설교의 문제점과 극복하기

3. 강의 : 교사론(20분)

설교는 하나님의 말씀을 전하는 것이다.

설교는 은혜로워야 한다.

설교는 재미가 있어야 한다.

4. 기도회(20분)

교회학교 설교을 위해 기도

설교할 수 있기 위해 기도

## 5강 ◆ 대화법, 분반학습법

1. 그룹 워크숍(20분)

1) 어린이랑 대화에서 문제점은 무엇인가?

2) 분반학습의 문제점은 무엇인가?

3) 일방통행이 아닌 서로 통행하기 위해서 무엇을 해야 하나요?


문제점을 극복하기 위해

(1)

(2)

(3)


2. 그룹 워크숍 발표(20분)

조별로

분반학습법의 문제점과 극복하기


3. 강의 : 분반학습론(20분)

대화는 상대방을 배려해야 한다.

분반학습은 은혜받은 말씀을 전하는 것이다.

분반은 서로 배우는 시간이다.


4. 기도회(20분)

어린이와 소통 잘하기 위해 기도

분반이 잘 이루지도록 기도

## 6강 ◆ 반운영론

1. 그룹워크샵(20분)

1) 반운영의 문제점은 무엇인가요?

2) 어린이들의 문제점은 무엇인가요?

3) 미디어 문제점은 무엇인가요?


문제점을 극복하기 위해

(1)

(2)

(3)


2. 그룹 워크숍 발표(20분)

조별로

반운영의 문제점과 극복하기


3. 강의 : 반운영(20분)

반운영은 한 영혼을 향한 뜨거운 사랑이다.

반운영은 기도가 따라 간다.

반운영은 하나님의 은혜이다.


4. 기도회(20분)

반운영이 잘되도록 기도

교사의 어린이 사랑이 뜨겁도록 기도

# 7강 ◆ 어린이 구원론

## 1. 그룹 워크숍(20분)

1) 어린이 구원받았다고 확신하는가?

2) 어린이 구원을 어떻게 해야 하나요?

3) 어린이 상담에 주의할 점은 무엇인가요?

문제점을 극복하기 위해

(1)

(2)

(3)

## 2. 그룹 워크숍 발표(20분)

조별로

어린이 구원의 문제점과 극복하기

## 3. 강의 : 어린이 구원(20분)

어린이는 구원받아야 한다.

어린이는 사랑받아야 한다.

어린이는 꿈을 키워 주어야 한다.

## 4. 기도회(20분)

어린이 구원을 위해 기도

어린이 꿈을 위해 기도

1. 그룹 워크숍(20분)

1) 부모님과의 관계에서 어려운 점은 무엇인가요?

2) 부모님과 어떻게 소통하나요?

3) 어린이들이 부모님과 어떤 문제가 있나요?

문제점을 극복하기 위해

(1)

(2)

(3)

2. 그룹 워크숍 발표(20분)

조별로

부모님과 관계의 문제점과 극복하기

3. 강의 : 부모님과 관계(20분)

자녀는 하나님의 기업이다.

부모는 믿음으로 양육해야 한다.

자녀는 성품이 달라져야 한다.

4. 기도회(20분)

부모님을 위해 기도

어린이를 위해 기도

1. 그룹 워크숍(20분)

1) 전도의 문제점은 무엇인가요?

2) 전도하는데  무엇이 문제인가요?

3) 전도하는데 무엇을 노력해야 하나요?

문제점을 극복하기 위해

(1)

(2)

(3)

2. 그룹 워크숍 발표(20분)

조별로

전도의 문제점과 극복하기

3. 강의 : 전도론(20분)

전도는 하나님의 소원이다.

전도는 나가야 한다.

전도는 뿌리고 거둔다.

4. 기도회(20분)

전도 잘하도록 기도

전도대상을 위해 기도

1. 그룹 워크숍(20분)

1) 교회학교 프로그램의 문제점은 무엇인가요?

2) 프로그램의 효과가 있나요?

3) 프로그램 예산은 어떻게 감당하나요?

문제점을 극복하기 위해

(1)

(2)

(3)

2. 그룹 워크숍 발표(20분)

조별로

프로그램의 문제점과 극복하기

3. 강의 : 프로그램(20분)

프로그램은 영혼을 사랑하는 표현이다.

프로그램은 하나님의 사랑 공급 장소이다.

프로그램은 많이 투자해야 한다.

4. 기도회(20분)

보다 좋은 프로그램을 위해 기도

물질 감당하도록 기도

1. 그룹 워크숍(20분)

1) 우리 교회 좋은 점은 무엇이 있나요?(5개)

2) 우리 교회 약점은 무엇인가요?

3) 우리 교회 칭찬 100개 찾아 보세요?

문제점을 극복하기 위해

(1)

(2)

(3)

2. 그룹 워크숍 발표(20분)

조별로

교회의 문제점과 극복하기

3. 강의 : 교회론(20분)

교회는 예수님의 몸이다.

교회는 예배하는 곳이다.

교회는 헌신하고 봉사한다.

4. 기도회(20분)

교회 장점을 살리기 위해 기도

교회학교 부흥을 위해 기도

## 12강 ◆ 제자 훈련론

1. 그룹 워크숍(20분)
1) 제자 훈련을 하고 있나요?
2) 제자 훈련의 문제는 무엇인가요?
3) 제자 훈련 잘하면 어떻게 해야 하나요?

문제점을 극복하기 위해
(1)
(2)
(3)

2. 그룹 워크숍 발표(20분)
조별로
제자 훈련의 문제점과 극복하기

3. 강의 : 제자 훈련(20분)
제자 훈련은 예수님의 명령이다.
제자 훈련은 훈련이다.
제자 훈련은 전도이다.

4. 기도회(20분)
제자 훈련을 위해 기도
어린이들의 개인 믿음을 위해 기도

## 1강의 : 교사론(20분)

　　교회학교 교사는 하나님께서 우리를 사랑하시고 구원하시기 위해 오신 예수 그리스도를 나의 구주로 믿고, 하나님의 자녀가 된 자입니다. 어린이의 영혼을 위해 하나님의 말씀을 가지고, 사랑하며, 그리스도인으로 살아가도록 돕는 일을 하는 것입니다.

　　1. 교사는 사명이 있어야 합니다.

　　교사는 예수님께서 하나님의 말씀을 가르치시고, 전파하시고, 고치시고, 긍휼히 여기는 일을 하셨던 것처럼 하나님께서 나에게 교사로서 사명을 주셨다는 것을 확증이 있어야 합니다. 하나님께서 나를 사랑하시고 나를 위해 예수 그리스도가 십자가에서 죽으시고 살아나심을 확실히 믿고 살아가는 믿음이 먼저 있어야 합니다.
　　맡은 자에게는 충성이 있을 뿐입니다. 충성이란 끝까지 잘하는 것입니다. 하다가 말다가 하는 것이 아니라 그리스도의 일꾼으로 하나님의 비밀을 맡은 자로 살아 가는 것입니다.

　　2. 교사는 사랑이 있어야 합니다.

　　교사는 예수님께서 가룟 유다를 끝까지 사랑하신 것처럼 어린이들을 끝까지 사랑해야 합니다. 어린이가 똑똑하든 그렇지 않든 상관없이 예수님을 믿겠다고 하는 어린이들에게 칭찬과 존귀함을 받도록 해야 합니다. 성령의 열매로 사랑하며 살아야 합니다. 어린이들이 예수님을 믿는 그리스도인으로 살아가려면 예배와 기도와 전도로 살아갈 수 있도록 격려하고 사랑하며 살아가도록 도와야 합니다. 어린이는 교사에게 자신이 사랑받고 있다는 마음이 들어야 합니다. 어린이가 교사로 인해 감동을 받아야 하고 자신의 꿈을 응원해 주는 메시지를 들어야 합니다.

### 3. 교사는 기도하며 해야 합니다.

하나님의 일은 절대로 사람의 힘으로 되지 않습니다. 하나님의 일은 영적인 일이기에 기도해야 합니다. 하나님의 나라와 의를 구하고 하나님의 나라에 일꾼이 되는 어린이들이 그리스도 안에서 살아가도록 끝임 없이 기도하고 바른 신앙생활이 되도록 기도해야 합니다. 교사는 어린이의 꿈을 위해 매일같이 기도해야 합니다.

교사가 기도하면 하나님께서 어린이의 마음을 만져 주시고 위대한 인물이 되도록 만들어 주십니다. 기도는 어린이의 미래를 하나님께 맡기면서 하나님의 사람으로 살아가도록 용기를 주는 것입니다. 기도로 사람이 변화되는 것을 보아야 합니다.

### 2강의 : 성경론(20분)

교회학교 교사는 하나님의 말씀을 통해 하나님의 사랑을 받고 있다는 것을 알아야 합니다. 성경을 통해 예수 그리스도를 나의 구주로 믿고, 새로운 피조물이 되었다는 것을 어린이의 영혼을 위해 하나님의 말씀을 가르치고 하나님의 사람으로 온전히 자라도록 격려하고 삶의 본을 보여 주어야 합니다.

### 1. 교사는 '성경이 하나님의 말씀인 것'을 알아야 합니다.

교사는 성경이 하나님의 감동으로 된 것을 알아야 합니다. 성경은 능히 나로 하여금 그리스도 예수 안에서 믿음으로 말미암아 구원에 이르는 지혜가 있습니다.

모든 성경은 교훈과 책망과 바르게 함과 의로 교육하기에 유익합니다. 이는 하나님의 사람으로 온전하게 하며 모든 선한 일을 행할 능력을 갖추게 합니다.

그러므로 성경은 어려서부터 알아야 합니다. 확실하게 성경을 배우고 믿음의 삶이 어떤 것인지를 보여 주며 예수 그리스도의 온유와 겸손을 배우게 합니다.

### 2. 교사는 '성경을 통해 하나님의 권세와 능력을 체험'해야 합니다.

교사는 성경을 통해 하나님의 권세와 능력을 알아야 합니다. 하나님의 말씀은 살아 있고 활력이 있어 좌우에 날선 어떤 검보다도 예리하여 혼과 영과 및 관절과 골수를 찔러 쪼개기까지 하며 또 마음의 생각과 뜻을 판단합니다.

성경은 사람의 능력으로 안 되는 일을 하나님의 능력으로 된 것을 보여 주고 있습니다. 성경은 사람의 끝이라고 할 때 하나님의 시작인 것을 보여 주고 있습니다.

성경을 통해 기적이 나에게도 일어난다는 것을 알고 성경적 믿음을 소유하도록 성경을 가르치고 체험하도록 해야 합니다.

3. 교사는 '성경을 통해 예수 그리스도를 증거'할 수 있어야 합니다.

교사는 성경이 예수 그리스도를 증거하고 있다는 것을 알고 예수 그리스도가 나의 구원자이고 주인임을 고백하도록 가르치고 훈련해야 합니다. 예수님은 생명의 떡이고, 생명의 빛이고, 양의 문이고, 선한목자이고, 부활이요 생명입니다. 길과 진리와 생명이시고 참포도나무이십니다.

성경은 예수 그리스도를 만난 사람들의 이야기입니다. 예수 그리스도를 만나 변화된 사람들의 이야기로 우리 어린이들도 예수 그리스도를 만나 삶의 변화가 일어난다는 것을 알아야 합니다. 하나님의 뜻을 따라 살아갑니다.

### 3강의 : 예배론(20분)

교회학교 교사는 하나님의 임재가 있는 예배를 드려야 합니다. 하나님의 임재가 임하는 예배를 통해 신앙생활을 하고 있다는 것을 알아야 합니다. 하나님께서는 어린이의 영혼을 위해 영과 진리로 예배하는 자를 오늘도 찾고 있다는 것을 알려 줄 필요가 있습니다. 내 몸을 하나님이 기뻐하시는 산 제물로 드려야 합니다.

1. 교사는 '예배는 하나님의 임재이다'라는 것을 알아야 합니다.

교사는 하나님의 임재가 있는 예배를 드려야 합니다. 하나님께서 우리를 사랑하여 주시고 죄를 사하여 주시고 성결하게 하셨으니 말씀과 성령으로 기도하면서 하나님을 만나는 예배를 드려야 합니다.

하나님께서 우리에게 주시는 은혜를 믿음으로 응답하면서 하나님과 만남을 이루는 예배가 되는 것입니다. 예배가 살면 모든 것이 살아나는 것입니다. 예배를 잘 드리면 교회와 가정이 살아납니다. 예배를 잘 드리기 위해 몸과 마음이 잘 준비되어 있어야 합니다.

2. 교사는 '예배는 찬양이 살아야 하는 것'을 알아야 합니다.

교사는 예배가 살아 있는 것을 느끼려면 찬양이 살아야 합니다. 성경은 호흡이 있는 자마다 여호와를 찬양하라고 하였습니다. 찬송은 하나님의 은혜에 감사하는 표현입니다. 찬송을 통해 전쟁에서 승리하고 감옥에서 승리합니다.

하나님의 능하신 행동을 찬양하고 그의 지극히 위대하심을 따라 찬양합니다. 나팔 소리로 찬양하고 소고 치며 춤추어 찬양하며 현악과 통소로 찬양합니다. 새 노래로 여호와를 노래하며 성도의 모임 가운데에서 찬양합니다. 우리 하나님을 찬송하는 일이 아름답고 마땅합니다.

3. 교사는 '예배는 기도가 뜨거워야 한다는 것'을 알아야 합니다.

교사는 예배 속에서 뜨거운 기도가 있어야 합니다. "너는 내게 부르짖으라 내가 네게 응답하겠고 네가 알지 못하는 크고 은밀한 일을 네게 보이리라"고 하였습니다.

> "너희가 내게 부르짖으며 내게 와서 기도하면 내가 너희들의 기도를 들을 것이요 너희가 온 마음으로 나를 구하면 나를 찾을 것이요 나를 만나리라"
>
> 예레미야 29장 12~13절

기도는 하나님의 뜻을 우리에게 주시고 하나님의 나라와 의를 구하며 하나님의 이름을 빛나게 하는 것입니다.

여호와 이레,
여호와 닛시,
여호와 살롬,
여호와 라파,
여호와 삼마.

## 4강의 : 설교론(20분)

교회학교 교사는 하나님의 말씀을 전할 수 있어야 합니다. 설교는 하나님께서 말씀하신 것을 어린이에게 정확하게 전달해 줄 필요가 있습니다.

교사는 성경본문을 열심히 봐야 하고 하나님의 뜻이 무엇인지 분명히 알아야 합니다. 그 말씀을 어린이들의 상황에 맞게 전달하는 것입니다. 하나님의 말씀은 지식 전달이 아니고 예수 그리스도를 심령에 던져야 합니다. 성령의 감동이 있어야 합니다.


1. 교사는 '설교는 하나님의 말씀을 전하는 것'임을 알아야 합니다.


교사는 하나님의 말씀을 전할 줄 알아야 합니다. 설교는 하나님께서 주시는 말씀을 어린이에게 전하는 것입니다. 여기에는 하나님의 뜻이 제일 중요합니다. 하나님께서 우리를 사랑하여 주시고 우리를 향한 놀라운 계획이 있다는 것을 알아야 합니다. 설교는 예수 그리스도를 증거 하는 것입니다. 예수님이 우리를 위해 죽으시고 부활하셨고 승천하시고 재림하신다는 것을 알아야 합니다.

설교는 내 생각을 전하는 것이 아닙니다. 설교는 하나님의 말씀이 우리의 삶속에서 적용된다는 사실을 알려 주는 것입니다.


2. 교사는 '설교는 은혜롭게 전해야' 합니다.


교사는 설교가 은혜롭게 되기 위해서는 하나님께서 우리를 사랑하고 계신다는 것을 전하는 것입니다. 하나님께서 우리를 구원하여 주시고 하나님의 자녀답게 복을 받고 은혜롭고 평강이 넘치는 삶을 살아가는 것입니다. 설교가 율법을 말하라는 것이 아니라 하나님의 은혜를 말해야 합니다. 하나님께서 주시는 선포를 말할 수 있어야 합니다. 설교는 쉽게 전달해야 할 필요가 있고 은혜로운 선포가 있어 구체적인 실천상황이 있어야 합니다.

3. 교사는 '설교는 재미있게' 전해야 합니다.

교사는 재미있게 설교할 수 있는 능력이 있어야 합니다. 재미있게 말씀을 전하기 위해서는 하나님의 말씀을 정확하게 해야 합니다. 말씀을 듣는 어린이를 알아야 합니다. 공감대가 형성될 수 있어야 합니다. 어린이들이 이해하기 쉬운 예화를 찾아야 합니다. 설교구성을 잘해야 합니다. 설교준비를 잘할수록 설교가 길어지지 않습니다. 집중이 생깁니다. 설교 연습을 많이 해야 합니다. 설교할 때는 말씀과 성령으로 충만해야 합니다. 설교를 위해 기도하고 설교를 실제로 해 보는 것입니다. 설교 연습을 많이 할수록 자연스럽게 설교하게 됩니다.

### 5강의 : 분반학습론(20분)

교회학교 교사는 하나님의 말씀을 전할 수 있어야 합니다. 분반학습을 잘하기 위해서는 내가 하나님께 받은 말씀과 은혜가 있어야 합니다. 하나님께서 주시는 말씀이 나에게 어떤 은혜로 작용되었는지를 말하는 것입니다. 교사는 하나님께서 주시는 말씀을 사모하고 은혜를 간구해야 합니다. 그 받은 은혜를 어떻게 전할 것인가를 생각해야 합니다. 하나님의 사랑이 어린이에게 녹여져야 합니다.

1. 교사는 '대화를 잘' 나누어야 합니다.

교사는 대화하는 법을 배워야 합니다. 대화는 일방적으로 자기 말만 하는 것이 아닙니다. 대화는 상대방을 배려하는 것이 중요합니다.

"그렇군요."라는 말을 잊지 말아야 합니다. 상대방의 말에 긍정하는 말이 필요합니다. "그래서 어떻게 됐니?" "지금 많이 화가 났구나." "많이 슬프구나." 하는 경청하고 수용하는 말을 사용할 줄 알아야 합니다.

'아, 어른들도 실수를 하는구나. 실수를 할 때는 저렇게 고칠 수 있구나'라고 생각하며, 실수를 했을 때 어떻게 행동해야 하는지도 배웁니다. 반면 실수를 인정하지 않으면 '아, 내 잘못을 결코 인정하면 안 되는 거구나!'라고 잘못 배웁니다.

### 2. 교사는 '분반학습은 내가 은혜받은 말씀을 전하는 것'입니다.

교사는 어린이들과 분반학습 하시는 시간에는 하나님께서 교사에게 은혜를 주시는 말씀을 전하면 됩니다. 그러기에 하나님의 말씀을 늘 가까이 해야 합니다. 하나님과 친밀한 관계 속에서 하나님의 말씀을 듣게 됩니다. 하나님의 말씀을 암송하는 것은 참으로 훌륭한 교육입니다. 암기된 하나님의 말씀이 어려운 일을 당하였을 때 놀라운 능력이 됩니다. 하나님의 말씀을 암송하는 데 최선을 다하고 그 말씀이 살아 움직이는 것을 보아야 합니다. 하나님을 붙잡고 가는 것이 죄를 이기며 가는 것을 보게 됩니다.

### 3. 교사는 '분반은 서로 배우는 것'입니다.

교사는 분반시간이 그저 가르치는 시간이 아닙니다. 분반은 교사와 어린이가 함께 배우는 시간입니다. 무엇보다도 공과 시작과 끝에 기도를 잊어서는 안 됩니다. 항상 성령님께 간구하는 자로써 교사되신 예수 그리스도의 모습을 본받아야 하겠습니다.

교회학교 안에서 가르침은 성경에 대한 지식과 더불어 삶으로 이어지고, 보여지는 가르침이 되어야 하겠습니다. 교사가 완벽해서가 아니라 함께 시행착오를 겪으며, 하나님 앞에 겸손한 모습으로 늘 진리를 구하며 나아가는 것입니다. 어린이들은 그런 교사의 모습을 통해 하나님의 자녀로서 온전히 서게 될 것입니다.

## 6강의 : 반운영론(20분)

교회학교 교사는 반운영을 잘해야 합니다. 반운영을 잘하기 위해서는 하나님의 은혜가 있어야 합니다. 하나님께서 우리 반이 부흥하고 성장하기를 원하십니다. 그리하여 하나님의 마음에 합당하도록 사랑하고 기도해야 합니다.

교사는 반운영을 잘하도록 믿음과 지혜가 필요하고 어린이들 관리를 잘할 필요가 있습니다. 어린이들로 하여금 예수님을 바라보며 살아가도록 해야 합니다. 하나님의 사람으로 믿음과 소망과 사랑이 넘치는 것을 보아야 합니다.

1. 교사는 '반운영을 잘하도록 한 영혼을 향한 뜨거운 사랑'을 합니다.

교사는 하나님과 친밀한 관계를 먼저 잘 가져야 합니다. 하나님께서 무슨 말씀을 하고 있는지를 잘 살펴보아야 하고, 어린이들을 향한 하나님의 사랑과 계획을 알아야 합니다. 어린이들은 사랑하는 만큼 변화되는 것입니다. 어린이들이 '하나님의 사랑을 받고 있구나!'를 교사를 통해 알 수 있어야 합니다.

하나님과 관계를 잘 가지고 어린이들과도 관계를 잘 가져야 합니다. 반운영에 있어서 선교$_{Mission}$, 교육$_{Education}$, 봉사$_{Service}$를 잘하도록 역할 분담을 정확하게 잘해야 합니다.

### 2. 교사는 '반운영을 잘되도록 기도'합니다.

교사는 반운영을 잘되도록 기도하는데 교사는 매일같이 어린이 한 사람 한 사람을 위해 기도하여야 합니다. 어린이의 꿈을 이루어 가기 위해 하나님께 기도합니다. 기도하다가 보면 하나님께서 어린이에게 주는 꿈을 이루어 가도록 인도하십니다. 어린이들이 하나님의 말씀을 암송하도록 지도해야 하고 하나님의 말씀이 실제 생활 속에서 힘이 되는 것을 경험하도록 해야 합니다. 어린이들이 구원의 확신을 가지고 있는지를 살펴볼 필요가 있고 하나님께서 어린이들에게 어떤 기대를 하고 있는지를 자주 말해 주어야 합니다.

### 3. 교사는 '반운영이 잘되는 것은 하나님의 은혜'임을 알아야 합니다.

교사는 하나님의 은혜받는 일을 부지런히 해야 합니다. 하나님의 은혜는 하나님의 말씀으로 채워질 때 가능합니다. 하나님께서 주시는 은혜와 믿음과 권능과 능력을 받아 누리면서 생활 속에서 온유하고 겸손하고 지혜와 명철이 있는 삶을 살아야 합니다. 교사는 어린이들을 비난하기 보다는 칭찬하고 축복해 주어야 합니다.

하나님께서 어린이를 향한 놀라운 사랑과 계획이 있다는 것을 알고 어린이들이 자신감을 가지고 힘차게 살아가도록 도와주어야 합니다.

교회학교 교사는 어린이가 구원을 받았다는 것을 분명히 알려 줄 필요가 있습니다. 어린이는 하나님의 사랑을 받고 있다는 것을 알려 주어야 합니다. 하나님의 사랑을 받고 있는 하나님의 걸작품이라는 것을 알려 주어야 합니다. 하나님께서 어린이에게 꿈을 주시고 그 꿈을 이루어가기 위해 하나님께서 도와주시고 선하고 아름다운 길로 인도하신다는 것을 알려 주어야 합니다. 실생활에서 예수님과 함께 교제하는 것을 가르쳐 줄 필요가 있습니다.

1. 교사는 '어린이가 구원받아야 한다'는 것을 알아야 합니다.

교사는 어린이가 하나님은 창조자이시고 예수님이 구원자이시고 성령님이 보혜사라는 것을 알려 주고 예수님께서 우리를 위해 십자가를 지시고 죽으시고 3일 만에 부활하셨다는 것을 분명히 가르쳐 주고 어린이가 믿음으로 고백할 수 있도록 도와주어야 합니다. 구원받고 나서 하나님의 자녀답게 살아가게 합니다. 어린이들이 교회에 와서 예배 잘 드리고 기도하고 전도하는 그리스도인으로 살아가는 것을 가르쳐 줄 필요가 있습니다. 예수님을 바라보는 훈련을 잘하고 성경과 기도의 생활을 꾸준히 하도록 지도합니다.

## 2. 교사는 '어린이가 사랑받아야 한다'는 것을 압니다.

교사는 어린이가 하나님의 사랑을 받고 자라나고 있으며 하나님의 은혜와 믿음이 있는 삶으로 더욱더 자신감과 자존감을 가지고 생활하도록 합니다.

어린이가 하나님의 성품을 닮아 책임감, 경청, 배려, 절제, 정직, 순종, 인내, 창의성, 지혜, 긍정적인 태도, 사랑, 감사를 배우도록 해야 합니다. 교회학교는 기본적으로 하나님 아버지가 어떤 분이신가를 알아가는 교육과정이며 인간도 서로를 잘 알아야 관계가 깊어집니다. 하나님과 깊은 사랑을 나누고 하나님의 공의를 몸으로 체험하도록 성품교육을 한다면 삶의 근본이 바뀔 것입니다.

## 3. 교사는 '어린이가 꿈을 키워야 한다'는 것을 압니다.

교사는 어린이가 어떤 꿈을 가지고 있는지를 알아야 합니다. 그 꿈을 이루기 위해 날마다 기도해야 합니다. 하나님께서 주시는 꿈을 가지고 앞으로 어떤 일을 해야 할지를 기대하면서 먹든지 마시든지 다 하나님의 영광을 위해 살아가도록 지도할 필요가 있습니다. 하나님의 사랑이 있고 하나님의 권세와 능력을 주심으로 꿈은 반드시 이루어진다는 것을 보여 줄 필요가 있습니다.

어린이들로 하여금 하나님의 말씀을 가까이하고 날마다 기도하는 사람으로 살아가게 하면 하나님의 꿈을 이루어가는 것을 보게 되는 기쁨이 있습니다.

교회학교 교사는 부모님과 관계가 좋아야 합니다. 교회학교 교육이 교회학교 교사만 가지고 제대로 교육할 수 없습니다. 부모님과 함께 신앙교육을 할 수 있어야 합니다. 그러기에 믿음이 기독교 신앙을 가지고 있다는 것이 너무나도 중요합니다.

자녀는 하나님의 기업입니다. 부모는 자녀를 믿음으로 양육해야 합니다. 믿음의 자녀는 성품이 달라야 합니다. 앞으로는 부모님이 자녀의 교육이 더 중요하고 가정교육이 개발되어야 합니다.

### 1. 교사는 '자녀는 하나님의 기업이다"는 알아야 합니다.

자녀도 내 것이 아니고 하나님의 소유이며 하나님께서 원하시는 대로 양육해야 후회가 없는 인생이 될 수 있습니다.

우리의 자녀가 하나님의 기업이요. 하나님께서 우리에게 주신 상급이라면 우리가 분명하게 알아야 할 것이 있습니다. 곧 자녀 양육은 부모의 책임이라는 것입니다. 자녀를 부모가 책임지고, 마지못해서, 의무감으로, 억지가 아닌 감사와 기쁨으로 길러야 한다는 것입니다. 하나님께서 하나님의 것을 내게 상으로 주신 존재가 자녀라면 얼마나 소중하게 여겨야 할지 짐작할 수 있습니다.

### 2. 교사는 '부모는 믿음으로 양육해야 한다'는 것을 알아야 합니다.

자녀들이 하나님의 생명으로 살아가기 위해서 부모들이 할 수 있는 최선의 방법이 함께 예배하고, 기도하고, 성경을 보는 것입니다. 그 보다 더 좋은 방법이 없습니다. 이것만 잘해도 자녀 교육은 성공입니다.

마귀가 어린이들의 영혼을 점령하기 전에 부모님을 통해서 하나님의 생명이 흘러가도록 해야 합니다. 어린이들의 영혼이 잘 되면 나머지는 모두 형통하게 됩니다. 부모님이 믿음으로 자녀들이 양육되는 것이 얼마나 귀하고 소중한 것인지 잊지 말아야 합니다.

### 3. 교사는 '자녀가 성품이 달라져야 하는 것'을 알아야 합니다.

자녀가 어렸을 때부터 부모는 분명한 일관성과 지침을 가지고 끊임없이 권고하고 반복 훈련을 시켜야 합니다. 구체적으로 순종하는 아이, 감사하는 아이, 긍정적인 태도의 아이, 거짓말 안하는 아이, 배려하는 아이, 절제하는 아이, 존중하는 아이, 경청하는 아이, 반항하는 아이 등 기질에 따라 다르게 하는 자녀 훈계법이 필요합니다.

자녀교육이야말로 부모가 하나님께 드리는 예배임을 강조하며, 순종, 창의성, 자신감, 절제력, 좋은 습관, 배려, 인내, 분별력, 정직, 지혜, 사회성을 키우기 위한 이야기를 들려주어야 합니다. 좋은 성품이 한 사람을 변화시킵니다.

### 9강의 : 전도론(20분)

교회학교 교사는 전도는 하나님의 소원이라는 것을 알아야 합니다. 하나님께서는 이 시대에도 전도하는 사람을 통해 하나님의 일을 하고 계십니다. 전도는 머리로 되는 것이 아닙니다. 전도는 성령님을 의지하여 나가고 만나고 데리고 와야 합니다.

일단 전도는 나가야 합니다. 사람을 만나서 교회로 데리고 와야 합니다. 이 일이 잘 되기 위해 우리가 하나님의 말씀과 성령 충만으로 무장되어야 합니다. 전도가 기도 없이는 안 됩니다. 전도가 되기 위해 뜨겁게 기도하는 교사가 되어야 합니다.


## 1. 교사는 '전도는 하나님의 소원이다'는 것을 알아야 합니다.

전도는 어명御名입니다.(딤후 4:2)

전도는 생명生命입니다.(요 5:24)

전도가 사람을 살리고 이 나라를 살립니다. 예수님은 살리러 오셨기 때문입니다.

전도는 대명大命입니다.(마 28:18-19)

전도는 사명使命입니다.(막 1:35-39, 딛1:3)

전도는 운명運命입니다.(고전 9:16)

전도는 혁명革命입니다.(딤전 1:12-13)

전도는 종명終命입니다.(행 20:24)

예수님이 주신 목숨이 끝날 때까지 쉬지 않고 해야 할 명령이기 때문입니다. 전도는 하나님의 소원이기 때문입니다. 전도는 사람을 살리기 때문입니다.

2. 교사는 '전도는 나가야 한다'는 것을 알아야 합니다.


교인 중에 30%는 교회에 봉사한 경험이 없으며,

교인 중에 35%는 정기적으로 십일조를 안 하며,

교인 중에 40%는 성경 공부한 경험이 없으며,

교인 중에 45%는 정기적인 기도를 하지 않으며,

교인 중에 50%가 교회에 등록하고도 출석하고 있지 않으며,

교인 중에 55%는 신앙 서적을 한 번도 읽지 않았으며,

교인 중에 60%는 주중에 한 번도 성경을 읽지 않으며,

교인 중에 90%는 1년에 한 명도 전도하지 못하고 있습니다.


3. 교사는 '전도는 뿌리고 거둔다'는 것을 알아야 합니다.


예수님의 씨앗 비유에는 엉뚱한 곳에 떨어진 씨앗들도 있지만, 좋은 땅에 떨어져 상상도 못할 열매를 맺는 씨앗도 있습니다. 좋은 땅에 떨어져 열매 맺는 이야기는 전도자들에게 말할 수 없는 용기를 줍니다. 씨앗을 뿌리다 보면 냉소주의에 빠지기 쉽고 상실감을 맛보기 쉽습니다. 전도 타율은 형편없을 것입니다. 하지만 끝까지 포기하지 않고 씨앗을 뿌리면 어마어마한 열매가 나타날 것이고, 후회하지 않을 것입니다. 이 땅보다 영원한 나라에서 살날이 훨씬 많기 때문에 포기하지 않고 씨앗을 뿌려야 합니다.

## 10강의 : 프로그램론(20분)

교회학교 교사는 프로그램을 잘 만들어 내야 합니다. 프로그램은 단순한 놀이가 아닙니다. 프로그램은 하나님을 만나고 하나님과 관계하는 것을 잘 표현하는 것입니다. 프로그램은 영혼을 사랑하는 표현입니다. 프로그램은 하나님의 사랑 공급 장소입니다. 프로그램은 많이 투자해야 합니다. 프로그램을 통해 어린이들이 하나님을 만나고 하나님과 이웃의 관계를 잘 세우고 사랑하며 화목하고 기뻐하며 감사하며 살아가는 것을 배우도록 잘 지도해야 합니다.

1. 교사는 '프로그램은 영혼을 사랑하는 표현'인 것을 알아야 합니다.

교사는 어린이에게 관심을 가지는 일입니다. 부정적인 면이 아니고 긍정적인 면에 관심을 가져야 합니다. 항상 언제 어디서나 미소로 대해 주어야 합니다. 스스로 문제를 발견하고 해결할 수 있도록 도와주어야 합니다.

모든 면에서 긍정적인 언어를 쓰고 격려가 되는 말을 하여 위로와 용기를 주어야 합니다. 좋은 일이나 신앙의 발전을 발견하면 즉각적으로 칭찬하고 격려해 주어야 합니다. 섬기는 사명을 잘 감당하는 것입니다.

2. 교사는 '프로그램은 하나님의 사랑 공급장소이다'를 알아야 합니다.

예수님 앞에서 점검하고 질문하십시오. "나는 지금 하나님의 공급장소에 있는가?" "지금 이것이 하나님의 공급방법인가?" 간절히 예수님을 의지하고 기도하십시오.

　교회학교의 "프로그램의 운영"이란 말은 교회학교를 통해서 하나님의 뜻을 이루어 나가는 모든 집단의 행동이라 할 수 있습니다. 그러므로 교회의 프로그램 운영은 또 하나의 어떤 흥미위주의 프로그램 개발의 차원이 아닌, 하나님께서 바라시는 복음적이며, 프로그램을 통해 하나님의 사랑을 공급받는 것입니다.

　3. 교사는 '프로그램은 많이 투자해야 한다'는 것을 알아야 합니다.

　한국 교회의 부흥은 프로그램과 이벤트 중심입니다. 가장 기본적인 찬양과 기도, 그리고 말씀이 중심이 되어야 합니다. 개교회 당회 임원들이 매주 관심을 가지고 지속적으로 투자해야 합니다. 일회성이 아니라 매주 대폭적인 지원과 관심을 가져야 합니다. 항상 지속적인 관심과 투자를 통해 교회학교 부흥을 실천할 수 있습니다. 교회학교가 예배공동체, 사랑공동체, 선교공동체로서의 바른 모습을 가져야 합니다. 교회학교는 어린이들에게 기도를 가르치고, 하나님 말씀을 가르치고, 전도를 가르쳐야 합니다.

### 11강의 : 교회론(20분)

　교회학교 교사는 교회가 무엇인지를 알아야 합니다. 교회는 예수 그리스도를 나의 주로 고백하는 사람들의 모임입니다. 이 모임에 예수님이 계십니다. 교회는 예수님의 몸입니다. 교회는 예배하는 곳이고 기도하는 곳이고 봉사하는 곳이고 믿음의 교제를 하는 곳입니다.

교회는 말씀선포 케리그마와 교육 디다케, 친교 디아코니아를 하기 위하여 모이고, 세상을 향한 봉사 디아코니아와 선교를 하기 위하여 흩어져야만 합니다. 교회는 모임과 흩어짐의 알맞은 조화를 이루어야 합니다. 교회는 활력 있고 살아 있는 교회가 되게 하여야 합니다.

1. 교사는 '교회는 예수님의 몸'이라는 것을 알아야 합니다.

교회는 예수 그리스도의 몸이기 때문에 예수 안에 있다는 것은 그리스도의 몸 안에 있는 것입니다. 그런 의미에서 모든 그리스도인들은 그리스도의 몸인 교회 안에 있을 때에 예수님 안에 있는 것입니다. 포도나무 가지가 포도나무에서 모든 영양분을 공급받고 잎사귀를 내며, 꽃을 피우고 열매를 맺듯이 그리스도인들은 교회 안에서 생명을 공급받아 그리스도를 닮아 가며 과실을 맺어야 합니다. 성도들이 교회를 떠난다는 것은 생명의 근원에서 단절되는 것을 의미하며, 교회 밖에는 죽음이 있을 뿐입니다. 예수님 안에서 한 몸을 이루고 있는 생명 지체들입니다.

2. 교사는 '교회는 예배하는 곳이다'라는 것을 알아야 합니다.

예수님께서 요한복음 4장에서 하나님께 영과 진리로 드리는 예배가 참 예배임을 가르치셨고, 하나님은 이러한 참 예배자들을 찾으신다고 말씀하셨습니다. 예수님께서 열두 제자로 새로운 공동체를 형성하신 중요한 목적은 올바른 하나님 예배를 회복하고자 하신 것이었습니다.

사도행전 2장에서 초대교회가 탄생했습니다. 초대교회의 특징 중 하나는 하나님께 올바른 예배를 드린 것입니다. 올바른 예배 공동체의 탄생이 곧 초대교회의 탄생이라고 말할 수 있습니다. 교회는 성삼위 하나님께 영과 진리로, 마음과 성품과 힘과 뜻을 다해서 온전하고 신령한 예배를 드려야 합니다. 진정한 예배가 있는 곳에 참 교회가 있습니다.

3. 교사는 '교회는 헌신하고 희생한다'는 것을 알아야 합니다.

교회의 사명은 예수 그리스도를 본받아 하나님과 이웃을 위하여 봉사하는 데 있습니다. 구약에서도 하나님은 이스라엘 백성들에게 가난한 자, 과부, 나그네를 돌보라는 말씀을 수없이 반복하셨습니다. 예수 그리스도는 구약에 나타난 고난 받은 종의 생활을 자기 생활양식으로 받아들였습니다. 교회는 헌신하고 희생이 따릅니다. 초대교회의 봉사의 핵심은 가난한 자, 과부, 기근을 만난 자들을 구제하는 것이었습니다. 구제는 구체적인 사랑의 실천이요, 그리스도의 삶을 본받는 행위였습니다. 그리스도의 생명에 참여한 사람들은 그가 받은 생명과 물질을 이와 같은 봉사의 태도로 표현해야 합니다.

## 12강의 : 제자 훈련론(20분)

교회학교 교사는 제자 훈련을 해야 합니다. 예수님께서 승천하시면서 제자들에게 "내가 너희에게 분부한 모든 것을 가르쳐 지키게 하라 볼지어다 내가 세상 끝날까지 너희와 항상 함께 있으리라 하시니라"고 말씀하셨습니다. 예수님께서 회당에서 가르치시고 말씀을 전파하시고 병든자를 고치시고 약한 자를 도와 주셨습니다.

예수님의 제자 훈련은 예수님의 명령이고 제자 훈련의 훈련입니다. 제자 훈련의 최고 목표는 전도입니다. 죽어가는 영혼을 살리기 위해 제자 훈련을 받는 것입니다.

## 1. 교사는 '제자 훈련은 예수님의 명령이다'라는 것을 알아야 합니다.

복음은 세대를 거쳐 전달되었습니다. 복음의 실체이신 예수님께서 이 땅에 친히 오셔서 직접 사도들과 수많은 제자들에게 전달해 주셨습니다. 예수님은 마지막 명령으로 "모든 족속으로 제자를 삼으라"(마 28:19-20)고 하셨고, 바울은 하나님의 은혜로 이 복음을 받고 디모데에게 전달해 주었습니다. 이 복음의 전달은 땅 끝까지 전해져야 합니다. 그래서 바울은 디모데에게 다시 충성스런 일군들을 훈련시켜서 그들로 하여금 세상 끝까지 복음을 전달하라는 명령을 주는 것입니다. 이것이 제자 훈련의 명령입니다.

## 2. 교사는 '제자 훈련은 훈련이다'라는 것을 알아야 합니다.

제자 훈련을 함에 앞서서 먼저 그리스도의 제자 된 자들이 어떻게 살아야 할지를 바울은 디모데에게 권면하고 있습니다. 가르침은 단순히 가르침으로 끝나는 것이 아니라 실제적인 삶의 모범을 보일 때 더욱 풍성하고 확실해집니다. 모범이야말로 가장 강력한 복음전달 방법입니다. 제자 훈련은 말로서가 아니라 삶으로 해야 합니다. 그래서 복음의 일군은 항상 우리의 삶의 모범이신 예수님을 생각해야 하고, 그분이 고난 받으신 것을 기억해야 합니다. 그렇지 않으면 복음을 전하다가 당하는 고난을 극복할 수 없습니다. 예수님은 언제나 신실한 분입니다. 어제나 오늘이나 영원토록 변함이 없으십니다.

### 3. 교사는 '제자 훈련은 전도이다'라는 것을 알아야 합니다.

전도는 관심입니다. 사람은 자신의 관심사에 따라 똑 같은 상황에서도 보이는 것이 다릅니다. 관심을 두면 보이지 않던 것이 새롭게 보입니다. 예수님의 관심은 사람이었습니다. 우리의 눈이 활짝 열려 구원받을 영혼들이 보여지게 되길 바랍니다.

전도는 지역교회를 전초기지로 삼아 땅 끝까지 복음을 전파하여 모든 족속을 제자 삼으라고 하신 예수님의 명령을 효과적으로 수행하도록 하시기 위한 하나님의 섭리와 성령의 인도하심으로 시작되었습니다. 전도는 예수님께서 열두 제자와 칠십 인의 전도 인을 무장시켜서 파송하신 일로부터 시작되었습니다. 제자 훈련의 목표는 전도입니다. 재생산입니다.

질문

1. 코로나19 때문에 교회에서 예배를 드릴 수 없게 된 이유가 무엇인가요?
2. 코로나19 때문에 교회에서 예배를 드리는 것이 얼마나 소중한가를 깨닫는 이유는 무엇인가요?
3. 교회학교의 교육적 사명은 무엇이 있나요?

4. 교회학교의 교육적 사명을 어떻게 적용하시고 계시나요?

5. 요즘 교회학교 교사하기 싫어한 이유는 무엇이 있나요?

6. 교육전도사님이 너무 자주 바뀌어서 힘들어요?

7. 교육전도사님과 교회학교 총무선생님이 갈등이 일어났어요?

8. 담임목사님께서 교회학교에 관심을 가져 주지 않으시네요. 어떻게 해야 하나요?

9. 교회학교 예배시간이 엉망이고 설교도 재미가 없는데 어떻게 해야 하나요?

10. 어린이들과 분반공부할 시간이 부족해요. 어떻게 해야 하나요?

11. 요즘에 교회학교 전도하기가 어려운데 어떻게 해야 하나요?

12. 교회학교 전도하기가 어려운데 심방은 어떻게 해야 하나요?

13. 청소년들이 교회에 오는 것보다 게임을 더 좋아 하니 어떻게 해요?

14. "공부해야 하기에 교회에 못가요." 이렇게 말하는 학생에게 어떻게 해야 하나요?

15. 국가나 사회가 교회를 싫어합니다. 교회가 세상에 손가락질을 당하고 멸시받습니다. 어떻게 해야 교회에 대한 좋은 이미지가 될 수 있을까요?

16. 청년들이 교회를 떠나는 이유가 무엇이 있나요?

17. 교회학교가 부흥하는 모델이 있는가요?

18. 유대인 3,500년 동안 수많은 핍박과 학살을 당하면서도 그들만의 종교, 문화, 사상, 교육이 하나도 변질됨이 없이 그대로 계승할 수 있었던 비결 및 전략은 무엇인가요?

19. 어린이 중심으로 목회하고 어린이 제자화한 교회가 있나요?

20. 어린이들을 어떻게 제자 훈련을 시키는 것이 좋을까요?

21. 교회학교에서 동역자가 중요한가요? 프로그램은 어떤 가요?

22. 교회학교에서 어떤 프로그램을 좋아 하나요?

23. 교회학교에서 교사가 중요한가요? 반복학습이 중요한가요?

24. 교회학교 교사가 왜 중요한가요? 교회학교 교사가 분반학습을 어떻게 준비해야 하나요?

25. 교회학교 반운영에서 무학년제도가 필요한가요? 어린이 순장제 도가 무엇인가요?

26. 교회학교를 무학년제로 운영해 본 적이 있나요?

27. 교회 상황에 맞는 프로그램을 어떻게 개발해야 하나요?

28. 속회나 지역이 교회학교와 연계될 수 있나요?

29. 교회학교 부흥을 위해 담임목사님의 역할이 얼마나 중요한가 요? 성도들이 얼마나 전도하고 있나요?

30. 교회학교를 위해 담임목사님, 교육전도사님, 부장 선생님, 교사 들이 해야 할 일이 무엇이 있나요?

31. 교회학교가 성장하면 교회가 성장하나요?

32. 교회학교 교사훈련을 어떻게 해야 하나요?

33. 교회학교를 위해 담임목사님의 생각이 바뀌어야 할 이유가 무엇 인가요?

34. 예수님의 성품은 어떤 것들이 있나요? 어린이들에게 어떻게 예수님의 성품을 닮게 하나요?

35. 교회학교에서 예배가 그렇게 중요한가요?

36. 교회학교 예배가 살아나기 위해 어떤 일을 해야 하나요?

37. 목양 교사 훈련이 무엇인가요?

38. 교인훈련은 어떻게 해야 하나요?

39. 교회학교 가정은 어떠한가요?

40. 자녀가 노엽지 않게 양육하는 이유가 무엇인가요?

41. 교육전문가를 세워야 할 이유는 무엇인가요?

42. 교육전도사님은 무엇을 해야 하나요?

43. 교회학교에서 어린이 부서가 왜 중요한가요?

44. 어린이가 성경암송하는 것이 중요한가요?

45. 전도를 언제부터 하셨나요?

46. 어린이 전도 잘하는 비결이 무엇이 있나요?

47. 교회학교가 부흥하는 교회의 특징이 무엇이 있나요?

48. 왜 교회학교 무학년제로 할 때 교회학교가 부흥하는가요?

49. 어린이들이 자신의 믿음 성장 카드를 작성하게 할 수 있나요?

50. 하나님의 임재를 체험하는 예배가 되기 위해서 무엇을 해야
    하나요?

51. 교회학교 교사가 어린이 설교를 할 수 있을까요?

52. 어린이 설교 원고는 어떻게 작성하나요?

53. 어린이들이 암송해야 할 성경말씀이 무엇이 있나요?

54. 어린이를 사랑하면 변화가 될까요?

55. 나를 변화시켜 주신 불 타는 사랑을 받으셨나요?

56. 교회학교 부흥이 목적인가요?

57. "교회학교 해봤어!"라는 글을 쓰면서 무슨 생각을 하셨나요?

58. 교회학교가 안 되는 이유가 무엇이 있나요?

59. 교사가 없는데 어떻게 교사를 만날 수 있을까요?

60. 교사가 어떻게 설교할 수 있을까요?

61. 교사와 교육전도사가 타툼이 일어나는데 어떻게 해야 하나요?

62. 예배 반주자가 없는데 어떻게 찬양하면 좋을까요?

63. 찬양이 뜨겁게 하려면 어떻게 해야 하나요?

64. 전도하기가 힘든데 어떻게 전도해야 열매를 맺을 수 있을까요?

65. 예배 사회는 어떻게 해야 하나요?

66. 예배 기도는 어떻게 해야 하나요?

67. 어린이 설교할 때 주의 사항은 무엇이 있나요?

68. 담임목사님께서 교육부에 관심을 갖도록 하려면 어떻게 해야 하나요?

69. 교회학교 예산이 많이 부족한데 어떻게 충당하는 것이 좋을까요?

70. 어린이들이 즐겁게 교회에 오게 하는 방법이 있나요? 어떻게 해야 합니까?

# 후 기

문제 제기로부터 시작해서 좋습니다. 전에는 오픈할 수 없어 곪고 있던 것들이, 코로나19로 수면 위에 떠오르게 된 현 교회의 문제점에 대해 분석을 하니, 이후 해결점 방향이 잘 나오는 것 같습니다. 어떻게 보면 언급하기 불편한 주제들일 수 있는데 지혜롭게 긁어 주신 것으로 보여 집니다.

나름 꼼꼼히 읽어보느라 시간이 걸렸습니다. 저에게도 많은 도움이 되었습니다.^^ 특별히 시대적인 변화에 창조적인 인식 재구성이 필요하다는 걸 저 또한 배웠습니다. 매뉴얼처럼 구체적인 가이드라인을 제시해 주셔서 참 좋은 것 같습니다.

(조예찬 목사)

존경하는 선배님 이충섭 목사님

한결같이 신실한 목회자로 말씀을 선포하시고, 전도의 길을 걷고 계신 목사님을 존경하며, 긍정의 후배로서 자랑스럽고 또 위해서 늘 함께 기도드립니다.

갑작스런 후기 요청을 받고 망설임도 있었습니다. '나의 짧은 소견이 목사님께서 성령의 감동을 따라 쓰시는 글에 누가 되지 않을까!' 생각도 하지만, 나름 교회학교 현장에서 오래 교사로 있었던 후배의 의견을 듣고 싶으셨으리라 생각해서 용기 내어 말씀하신 내용을 적어봅니다. 지극히 개인적인 의견일 수도 있음을 감안하시기 바랍니다.

## 1. 소감

● 목회 현장과 교회교육 현장에서의 생생한 경험과 체험이 바탕이 되어서 공감됩니다. 이상적인 이야기가 아닌, 지식적인 접근만이 아닌 경험과 체험을 바탕으로 기록하셔서, 교회학교 교사나 교사가 아닌 사람들도 공감하고 이해하기 좋습니다. 갈등(담임목사님과 교육전도사님, 교육전도사님과 교사, 교사와 부모 등)을 다룬 부분들은 체험 해본 사람들만 아는 영역이고, 그분들의 화합과 동역은 교회학교의 발전에 중요한 요소인데, 잘 다루어 주셨습니다.

● 전도와 어린이 부흥사역과 같은 목사님의 전문영역의 내용이 좋은 조언이 됩니다. 매일 전도하시는 목사님의 체험과 오랜 어린이 부흥사역 등의 목사님의 전문영역이 해당 분야에서 추상적이지 않고, 현장을 경험한 분들께 와 닿는 조언이 됩니다.

● 교회교육과 관련한 요소들을 잘 짚어주셨습니다. 구성원(담임목사, 교육전도사, 교사, 부모, 학생 등), 교회학교 역할(예배, 분반공부, 전도, 활동 등), 교회교육과 관련한 요소들을 폭넓게 잘 다루어 주셨고, 현장의 목소리(교육전도사, 청년 등)를 생생하게 담아주셔서 공감하기 좋고, 관련 자료들도 많이 담으셔서 이해하기 편했습니다.

## 2. 추가로 고려해 주실 부분

● 전반적인 내용이 초등부 또는 어린이를 담당하는 교사에 치중되어 있어서 아쉽습니다. 교육적 사명, 심방 등 전반적인 내용과 예시가 어린이에 치중되어 있습니다.

● 교육담당 사역자가 교육전도사에 치중되어 있습니다. 목사님도 말씀하셨지만, 형편만 된다면 교회학교는

① 전문 사역자가 필요합니다.

– 전도사는 임기가 평균 2년이어서, 연속성이 짧습니다. 사역자의 영향력이 절대적이나 사역자의 수가 적은 교회학교의 특성상 전문 사역자가 필요하고,

– 일산의 한 감리교회는 담임목사님이 직접 청년부를 담당한다고 하셨는데, 가능하면 경험과 임기 등을 고려하여 교육담당 목사를 모셨으면 좋겠습니다.

＊ 외람되지만, 매우 솔직히 말하면 선배 목사님 중에서 "전도사가 교회학교를 망친다."라는 말씀을 하신 분이 계십니다. 사명감 있는 교회학교 전문 사역자가 귀합니다.

② 교육사도 고려하면 좋습니다.

– 제 경험상 감리교단에는 교육사가 계시는데, 부서별로 사역자가 있는 경우 전도사와 기독교교육 전공자인 교육사가 함께 계시면 시너지 효과가 매우 좋습니다.

● 심방

- 중고등부, 청년 심방과 부모님 심방에 대해서도 다뤄주시면 좋겠습니다.

- 부모님과의 관계 유지가 참 필요한 것 같습니다. 현대 교회학교는 사역자와 교사, 부모가 협력해야만 제대로 교육이 이루어진다고 합니다. 부모님이 교인이 아닌 경우 심방하고 관계를 유지하는 것은 참 어려운 일이기 때문에 가이드와 훈련이 필요합니다.

- 중고등부 이상 이성 학생을 심방할 때는 교사가 단독 심방을 하는 것보다 동역자와 함께 심방하는 것을 권장하기도 합니다.


## 3. 질문

● 예시하신 교회는 교회학교가 현재도 부흥하고 있는 교회인가요?

- 교회학교가 부흥한 교회가 과거 이렇게 부흥했다는 예시를 드셨는데, 현재도 부흥하고 있는지 궁금합니다. 주변에 과거 교회학교가 부흥했지만, 유행처럼 지난 교회가 많습니다.

- "이 교회는 교회학교가 성장하기 어려운 이 시대에 지금도 이렇게 성장하고 있습니다."는 소식이 귀합니다.


● 분반과 감리교 커리큘럼에 대해서 어떻게 생각하시는지요?

- 현장에선 감리교 커리큘럼에 대한 아쉬움이 많습니다. 물론 최고의 커리큘럼은 성경입니다. 그러나 감리교 커리큘럼의 체계가 장로교에 비해 약한 것은 사실입니다.

- 감리교는 감리교 교육국에서 만든 교재를 쓰라고 합니다. 하지

만 교재도 약하고, 커리큘럼이 체계적이지 않으니 교육담당 사역자에게 의존적이고, 교육담당 사역자가 이동하면 다시 체계 없는 교육이 이루어집니다. 유치부에서 청년을 거쳐 장년까지 한 교회에서 교육을 받아도 사회처럼 체계적인 교육을 받지 못하는 것이 사실입니다.

- 교육담당 사역자의 성향을 따라 QT 나눔을 분반공부로 대신하는 경우도 많이 있는데, 이것도 아쉬운 부분입니다.

- 새 친구에 대한 교육도 분명히 필요한데, 교회의 규모가 작을수록 엄두를 못내는 경우가 많습니다. 과거에는 우리 교회에서 새 친구반을 별도 운영하고, 사역자나 전담교사가 일정기간 지도한 후 등반 절차를 거쳐서 기존 친구들과 함께 하도록 했는데, 사역자와 교사가 줄어든 현재는 유지하기가 어렵습니다.

- 교육담당 사역자에 의한 교사교육이 반드시 선행되어야 하는데, 현장에서 소홀하기 쉽습니다. 교사가 지식 전달자를 넘어 반목회자가 될 수 있도록 철저한 교육이 필요합니다.

(김학재 장로)


목사님의 목회를 교육이란 주제로 집대성한 점이 주목됩니다. 이 책의 힘은 진실성이라고 생각합니다. 실제로 그렇게 사셨기 때문이죠.

구성 면에서도 성경, 이론, 현장경험, 사례들, 질문들… 아주 좋습니다. 워낙 오랜 시간의 연구와 실습이 묻어난 내용이라 비판할 점이 사실 잘 안보입니다. 오히려 독자들이 목사님께 존경심을 갖고 더 노력하는 동기부여의 책으로 받아야 하지 않을까요.

(장영직 목사)

- 지금의 코로나 상황으로 인해 교회가 모이기 힘들고 이전처럼 예배하지 못하는 상황 속에서의 문제의식과 교회학교를 위한 접근이 좋았습니다. 코로나 이후 교회가 많이 힘들 것이라 예상하지만 그중에서도 분명 교회학교가 가장 영향이 크기 때문입니다.

- 전체적인 책의 구성에 있어서도 교회학교 사역을 오랫동안 해보신 목사님의 고민과 노하우가 느껴집니다. 질문형식으로 되어 있는데, 그 질문들이 정말 교회학교 현장에서 제기되는 문제들이기 때문입니다.(예 - 교회학교 전도하기가 어려운데 심방은 어떻게 해야 하나요?)

- 또한 꽃동산 교회 등의 모델적 교회를 제시해준 부분이 좋았습니다.
- 어린이 공과 자료도 좀 더 많이 제공해 주시면 좋겠습니다.
- 혹! 이런 질문은 어떨까요? 결국 교회학교의 부모 젊은 세대들인데, 요즘 젊은 세대는 어딜 이사 가든 그 지역의 교회 맛집 카페 등을 찾아갑니다. 그래서 "어떤 교회학교를 찾아가야 할까요?"

(김인범 목사)

오타, 수정, 문법을 잘 살펴보았습니다. 교회학교 현황을 자세히 보시고, 많은 고민 끝에 쓰시느라 고생 많으셨습니다. 많은 교역자분들과 선생님들, 그리고 어린이들에게 도움이 되었으면 좋겠습니다.~
제목은 이미 정하신 것 같네요~ '전도 해봤어!'와 일관되게 '교회학교 해봤어!'로 정하신 것 같아요 ~
저는 개인적으로는 생명에 대한 관심이 있어서인지 '교회학교 살

아난다'라는 제목을 들었을 때 가슴이 뜨거워졌어요. 여쭤보셨기에 제 개인적인 생각 말씀 드립니다~~

(강동윤 전도사)

전반적인 책의 구조가 저자의 사역과 맞물려서 논술되고 있는데, 그 외의 다양한 교회학교 사역에 대해서 사례와 구조 등을 설명되고 있는 것이 좋았습니다. 아울러 책의 뒷부분에 저자의 사역 콘텐츠가 담겨져 있어서 많은 도움이 될 것 같습니다.

목차의 흐름상 확실한 구분이 되도록 사전적 정의가 내려지면 좋겠습니다.

'교회학교'와 '교육목회'의 사전적 정의. 어떤 차이가 있는지? 그런 의미에서 '교육목회관점에서 교회학교를 한다.'의 핵심은 무엇인지?

근래의 사례들이 있으면 추가되면 좋지 않을까 생각합니다. 역사와 전통을 자랑하는 교회들의 사례들이 있었는데, 근래에 교회학교 교육의 좋은 사례가 되는 교회가 언급되면 더 좋지 않을까 생각합니다. 예) 부천 성만교회

(강학성 목사)

부천성만교회 아동부
(1) 아동부 사역에서 가장 중요한 것은 헌신된 교사이다.
(2) 예배는 전통적이기 보다 창의적이고 현실적이다.

아동부 운영의 사례

(1) 분반을 파괴한다 : 학년제가 아니라 연령을 초월한 학급 편성을 하였다.

(2) 교회 밖에서의 만남을 가져라.

(3) 새벽 기도회를 하나님과 함께하는 멋진 추억의 기회로 삼으라.

(4) 성장의 분위기를 만들라 : 절기를 이용하여 온 가족이 교회에 참석하는 날을 만드는 것이다.

(5) 좋은 추억 거리를 많이 만들어 주어라 : 아동부의 부흥은 어릴 때 좋은 추억 거리를 많이 만들어 줄 수 있는 많은 동아리 모임과 특별활동을 통해 어린이가 교회에 찾아 올 수 있게 한다.

(6) 새 소식반 운영: 매주1회 일정한 시간에 이웃에 사는 예수님을 모르는 어린이에게 성도의 가정에 모아 복음을 전하고 결신시켜 교회로 인도하는 프로그램이다.

(7) 장기적인 계획을 수립하라 : 멀리 미래를 내다 보고 장기적으로 투자를 한다.


『교회학교 해봤어!』이 책의 원고를 읽어내려 가면서, 평생 동안 한국 교회의 교회학교를 사랑하면서 다음 세대 선교를 위해 고민하신 이충섭 목사님의 영혼구원에 대한 흔적들이 나타남을 느꼈습니다.

현재 교회학교가 운영되려면 담임목사님과 부교역자들의 지속적인 책임감과 협조가 필요하며, 이에 따라 교회운영구조와, 담당교역자의 역할, 교사들의 역할에 대해 이보다 현실적으로 기술한 책은 없었습니다.

이충섭 목사님이 이 책을 통해 나눠주신 교회학교 현장에 대한 이야기는 현재 교회학교와 다음 세대 사역을 놓고 기도하고 헌신하는 이들이라면 쉽게 공감하고, 위로받기에 충분합니다.

포스트 코로나 이후 교회의 역할이 사회 안에서 더욱 축소될 것이라는 비관적인 전망 가운데, 『교회학교 해봤어!』라는 책은 사역자로서 가져야 할 오직 말씀으로 성령 안에서 복음으로 충만해져야 한다는 기본적인 사명감을 부여해 주고, 여러 가지 교회학교의 갈등상황에 대한 명쾌한 답변을 통해, 이제 사역을 시작하는 교역자들로 하여금 큰 도움이 될 것이라고 확신합니다.

코로나19 이후 동영상 예배로 대체되는 시점에서 많은 학생들과 선생님들이 현재 사회, 경제적으로, 신앙적으로 많이 지쳐 있습니다. 교회활동에 대해 점점 더 나태해져 있는 상황이 계속되고 있습니다.

펜데믹(전염병이 전 지구적으로 확산 되는 것) 현상이 지속되는 가운데 교회학교 학생과 교사들에게 크나큰 신앙적인 동기와 역할을 부여해 줄 수 있으려면 어떻게 해야 할까요?

현재 실제적인 접촉과 만남이 없어서 마음 또한 멀어지는 가운데 어떻게 교회공동체의 결속력과 연대감을 강화할 수 있을지 참으로 많은 고민이 됩니다.

(방효석 전도사)

교회학교 해봤어!